HIPERTEXTO NO COTIDIANO ESCOLAR

Luiz Fernando Gomes

HIPERTEXTO
NO COTIDIANO ESCOLAR

1ª edição 2011

CORTEZ
EDITORA

Capa e projeto gráfico: aeroestúdio
Revisão: Amália Ursi
Composição: aeroestúdio
Coordenação editorial: Danilo A. Q. Morales

Dados Internacionais de Catalogação na Publicação (CIP)
(Câmara Brasileira do Livro, SP, Brasil)

Gomes, Luiz Fernando
    Hipertexto no cotidiano escolar / Luiz Fernando Gomes. – 1. ed. –
São Paulo : Cortez, 2011. – (Coleção Trabalhando com ... na escola)

    Vários colaboradores.
    Bibliografia.
    ISBN 978-85-249-1834-6

    1. Escrita. 2. Internet (Rede de computadores). 3. Leitura. 4.
Letramento digital. 5. Linguagem – Estudo e ensino 6. Linguagem e
tecnologia. 7. Sistemas hipertexto. 8. Textos – Produção I. Título. II. Série.

Índices para catálogo sistemático:

1. Hipertexto no cotidiano escolar : Linguagem e educação :
    Linguística aplicada   370.71

Direitos para esta edição
CORTEZ EDITORA
R. Monte Alegre, 1074 – Perdizes
05014-001 – São Paulo – SP
Tel.: (11) 3864-0111   Fax: (11) 3864-4290
E-mail: cortez@cortezeditora.com.br
www.cortezeditora.com.br

Impresso no Brasil – outubro de 2011

SUMÁRIO

APRESENTAÇÃO

O primeiro volume da Coleção *Trabalhando com ... na escola* tematiza um dos mais importantes objetos de ensino da atualidade: o hipertexto. Com toda a certeza, posso dizer que abrimos a coleção com uma discussão instigante, engajada e muito útil para todos nós, professores brasileiros.

O autor, Luiz Fernando Gomes, tem como um dos objetivos ao longo deste livro mostrar a importância da escola e, principalmente, do professor no aprimoramento do chamado "letramento digital", que já está acontecendo de forma espontânea, atingindo diversas comunidades e indivíduos.

Nesse contexto, o papel do professor é fundamental, segundo o autor, porque ele pode ser o principal agente na promoção da mudança tanto das atitudes dos sujeitos em relação ao meio digital, como dos conteúdos produzidos nesse meio, conteúdos estes que, ainda segundo o autor, "repercutem ideias alheias, quase sempre alienadas e voltadas ao consumo".

De forma a dar conta da tarefa de apresentar o hipertexto como um legítimo objeto de ensino de Língua Portuguesa, o autor, na primeira parte do livro, faz um breve histórico da invenção do hipertexto, que ocorreu em função da necessidade de organização da informação acumulada pelo homem ao longo de sua história. Ao longo desse histórico, o autor vai mostrando como as chamadas webs foram sendo criadas e modificadas e como o conceito de hipertexto emerge e se consolida.

Em seguida, o autor volta-se para o hipertexto como objeto de observação e de análise e inicia uma pormenorizada, bastante exemplificada, clara e objetiva descrição dos tipos de links que caracterizam o hipertexto, definido pelo autor como "uma modalidade de escrita que procura maneiras alternativas de construção textual que ajudem a contornar as dificuldades impostas à leitura do texto na tela e também a explorar os recursos oferecidos pelo meio digital, como os links e a inserção de imagens, por exemplo".

Na segunda parte, o autor formula uma série de propostas de trabalho, focando na leitura e na produção de hipertextos, retomando as classificações feitas anteriormente dos tipos de links hipertextuais que auxiliam na sua construção/produção e mostrando o jogo retórico que eles instauram.

Além disso, ainda nessa segunda parte, a obra mostra ao professor como as teorias que explicam a natureza do hipertexto estão relacionadas com as sugestões metodológicas, indicando claramente que tipo de trabalho está sendo desenvolvido, qual o seu grau de dificuldade e quais conteúdos teóricos estão em jogo em cada proposta.

A farta exemplificação auxilia o professor a aperfeiçoar o seu letramento digital e fornece condições para que as práticas didáticas que envolvem a produção de hipertextos sejam conduzidas de maneira refletida, segura e objetiva.

Como diz o professor Luiz Fernando, "é um livro para ler e usar".

Estamos apenas no início da exploração do universo digital para o desenvolvimento de competências e habilidades de leitura e de produção de textos de um modo geral. Sabemos que cabe a nós, professores, enfrentar essa tarefa. Este livro é uma contribuição inicial, mas engajada, nessa direção.

Mais do que isso: este livro, sobre tema tão fascinante, atual e de grande importância para educadores de todas as áreas, mais especialmente, para os educadores da área de Língua Portuguesa, deverá contribuir para que o "link" entre o digital e o impresso se fortaleça e para que todos nós, professores de todos os níveis, nos sintamos cada vez mais à vontade para transitar de forma significativa entre o mundo dos livros e o mundo digital, percebendo e fazendo perceber as complexidades desafiadoras da "navegação no info-mar" das webs e dos (hiper) textos.

Anna Christina Bentes
Coordenadora da Coleção *Trabalhando com ... na escola*
Julho de 2011

PARTE UM

1. INTRODUÇÃO

A comunicação mediada pela tecnologia provoca mudanças em nossa maneira de ler e de escrever. Essas mudanças surgem pela necessidade de utilizar os recursos do meio digital. Linguagens que antes eram periféricas, tornam-se salientes e, em muitos casos, são as protagonistas em eventos comunicativos, como é o caso das imagens fixas ou em movimento. A publicação de textos em blogs[1], sites e em outras redes de relacionamento tem permitido a um número de pessoas cada vez maior exercitar a prática da escrita, desde postagens de comentários a produções artísticas ou acadêmicas, por lazer, trabalho ou qualquer outra razão. Dadas as facilidades dos ambientes digitais, os textos vêm acompanhados de imagens ilustrativas, ou as imagens é que vêm com textos explicativos. Tudo isso num visual diferente, que ultrapassa os limites do que chamamos de redação e entra no campo do design, da programação visual. E não podemos deixar de pensar nos links, elementos fundamentais e necessários

1 Os termos em azul são mais bem explicados no Glossário deste livro.

para a realização da leitura e da própria navegação nos ambientes digitais.

Esses novos modos de produção textual são um desafio para a escola que, na maioria dos casos, ainda vem se atendo aos textos impressos, deixando de lado as práticas sociais extraescolares de escrita e muitos dos gêneros comunicativos privilegiados pelos alunos internautas. Ainda que, em muitos casos ainda, o acesso à internet não possa ser feito de suas residências, através de lan houses ou áreas de acesso público, crianças e jovens têm driblado as dificuldades e têm vindo para a escola com um crescente repertório de imagens e de gêneros textuais que circulam na web. Além disso, os meios de comunicação propagam a ideia de crescimento, empregabilidade e sucesso àqueles que "dominam" as ferramentas informáticas.

No entanto, não é o simples acesso às tais ferramentas que pode trazer algum benefício ao aluno, ao cidadão, mas sim o uso que se fizer delas. O letramento digital, que pode ser entendido como conjunto de práticas socialmente organizadas que fazem uso de sistemas simbólicos e da tecnologia para atuar com propósitos específicos em contextos específicos, já vem ocorrendo de forma espontânea em diversas **comunidades de prática**, mas os usos ainda são, em sua maioria, voltados para as formas hegemônicas de pensar e de participar, o que deixa de fora a leitura crítica e a alteridade. Constroem-se identidades globalizadas que repercutem ideias alheias, quase sempre alienadas e voltadas ao consumo.

Calma! o cenário não é tão ruim assim, mas precisa da escola para melhorar. Precisa de professores capacitados para o uso em sala de aula, das

→ **comunidade de prática:** designa um grupo de pessoas que se unem em torno de um mesmo tópico ou interesse. Essas pessoas trabalham juntas para achar meios de melhorar o que fazem, ou seja, na resolução de um problema na comunidade ou no aprendizado diário, através da interação regular. O termo foi criado por Etienne Wenger em conjunto com Jean Lave, em 1991.

linguagens, dos meios eletrônicos e de práticas de escrita que façam dos alunos não apenas consumidores de informação, mas também produtores de conteúdo para a web, de forma crítica e consciente.

É essa escrita, portanto, o objeto deste livro. Pretendemos discutir as questões teóricas que envolvem a leitura e a produção de hipertextos e apresentar sugestões metodológicas que possam ser aplicadas em sala de aula do ensino fundamental e do médio.

2. HIPERTEXTO

O hipertexto pode ser entendido como um texto exclusivamente virtual que possui como elemento central a presença de links. Esses links, que podem ser palavras, imagens, ícones etc., remetem o leitor a outros textos, permitindo percursos diferentes de leitura e de construção de sentidos a partir do que for acessado e, consequentemente, pressupõe certa autonomia de escolha dos textos a serem alcançados através dos links. É um texto que se atualiza ou se realiza, se concretiza, quando clicado, isto é, quando percorrido pela seleção dos links.

Creio que vale a pena revermos um pouco da história do hipertexto, a fim de nos localizarmos no tempo.

Figura 1. Ícone: elemento visual que guarda semelhança com o objeto ou ação a que se refere.

3. BREVE HISTÓRICO DO HIPERTEXTO

A organização dos documentos, papiros, rolos, **códex** etc. que possibilitasse ao interessado saber sua localização nas bibliotecas, sempre foi um

→ **códex**: termo latino, que significa "livro", "bloco de madeira". O códice é o substituto do rolo de pergaminho e que depois foi substituído pelo livro impresso.

problema a ser resolvido. A partir do século XII, os manuscritos começaram a ser indexados numericamente ou alfabeticamente, divididos em classes e subclasses. A indexação tornou-se muito popular como um método para tornar os textos mais acessíveis aos frequentadores das bibliotecas. Também as enciclopédias apareceram como uma resposta ao volume cada vez maior de informação, mas também precisavam ser localizadas nas bibliotecas.

Já no final do século XVIII havia tantos livros sobre tantos assuntos que ficava difícil e lento localizar e obter informações, independentemente do método de indexação. No século XIX, em 1876, Melvil Dewey publicou uma obra que iria mudar completamente a indexação de livros e revistas nas bibliotecas, mas não iria resolver o problema. Conhecida como CDD – Classificação Decimal de Dewey, a obra é um sistema hierárquico de classificação que divide em dez partes as áreas de conhecimento, que vão desde 000 para computadores, informação e referência em geral, passando por 400 para línguas até 900 para História e Geografia. Entretanto, apesar da adoção internacional desse método, as informações indexadas eram apresentadas no formato linear (e impresso). Sendo assim, a dificuldade para indexar o número crescente de livros publicados, alguns com temas que desafiavam os bibliotecários, e localizar os livros nas estantes, continuou.

O físico e matemático Vannevar Bush percebeu que havia mais informações do que o ser humano podia administrar e que a tecnologia poderia auxiliar. Em 1945, escreveu um artigo – mais como uma carta aberta à inteligência americana – intitulado "As we may think" ("Do modo como pensamos", ou

Figura 2. Vannevar Bush e o Memex.

parecemos pensar, isto é, por meio de associações e não de forma linear), cuja ideia central baseia-se na assunção de que nossa mente não trabalha linearmente, mas sim, por associações, o que, aliás, agiliza o pensamento – daí o título do artigo. Bush propunha uma maneira de organizar conteúdos de forma não hierárquica que permitisse acesso não linear. Ele apresenta o Memex (mnemônico de Memory Extension – Extensão da Memória), um dispositivo mecânico, anterior ao computador, uma mistura de microfilme e célula fotoelétrica, de uso individual, no qual uma pessoa poderia armazenar todos seus livros, registros e mensagens, que, por sua vez, poderiam ser consultados com extrema velocidade e flexibilidade. No Memex, o usuário, idealizado como um pesquisador acadêmico, poderia pesquisar os livros e artigos, incluir comentários próprios e alterar o conteúdo dos arquivos, mas, principalmente, criar links entre os documentos, o que inaugurava uma nova forma de indexação e de acesso aos conteúdos.

Vemos que Bush foi extraordinário: ele não visou ao sistema de indexação das bibliotecas públicas; ele focou no pesquisador, em sua, digamos, biblioteca particular, e numa forma de permitir acesso aos livros e artigos através de relações que o próprio pesquisador fazia entre as obras, e que poderia ser modificada de acordo com suas necessidades. A inovação estava no fato de que a indexação não era uma relação externa ao pesquisador, como a de Dewey, que classifica as obras de acordo com as áreas de conhecimento. Bush ainda foi além: ele propôs não apenas o acesso não hierárquico às obras e uma classificação (ligação) pessoal e particular, mas uma intervenção nelas, a ponto de o pesquisador poder alterar ou comentar seu conteúdo! Ao fazer isso, ele antecipou os questionamentos teóricos que vieram depois sobre o conceito de autoria, sobre a natureza da interação entre leitor-autor-texto e, claro, sobre a questão da linearidade dos textos como uma característica fundamental para o estabelecimento da coerência.

Embora muitos creditem a Vannevar Bush a primeira descrição das potencialidades do hipertexto, o sistema que ele descreveu era ainda baseado em microfilme. O hipertexto baseado em computador só foi desenvolvido em 1960, por Theodore Nelson, como um trabalho de final do curso de pós-graduação que fazia em Harvard. O que se sabe é que Nelson cunhou o termo hipertexto e o utilizou num artigo sobre "zippered lists", um algoritmo-chave para o sistema Xanadu, numa conferência nacional da Association for Computing Machinery (Associação para Organização da (ciência da) Computação, em 1965.

Em 1967 Ted Nelson, Andries van Dam e um grupo de estudantes desenvolveram, na Brown University, um projeto de pesquisa que seria o primeiro sistema hipertextual, o HES (Hypertext Editing System – Sistema de Edição de Hipertextos), a organizar dados por meio de links e menus.

Figura 3. Ted Nelson.

Seu projeto mais famoso, no entanto, é o tido como o precursor da web, o Xanadu. Nelson baseou-se no poema "Kubla Khan", do poeta romântico inglês Samuel Taylor Coleridge (1772-1834) que, por sua vez, se inspirou no Livro das Maravilhas, de Marco Polo. No poema, Xanadu é a mágica, onírica, sensual e licenciosa capital comandada pelo imperador chinês Kublai Khan (neto de Gêngis Khan). Vejamos, a seguir, um pequeno trecho do poema:

Em Xanadu, um palácio de prazer
Comanda-o Kubla Khan como um farol
Onde Alph, rio sagrado, vem correr
Através de cavernas sem mais ver
Ao ser humano até um mar sem sol.
Assim, milhas e milhas de bom solo,
Cerca de muro e torres polo a polo:
E lá jardins luzentes em ribeiros
Curvos e árvores com flor e incenso;
Aqui florestas velhas qual outeiros,
Estufam tons de sol em seu descenso

(tradução de José Lino Grünewald)[2]

O projeto continua em atividade até os dias de hoje, fora da web, no endereço http://xanarama.net/, cercado de muitas polêmicas. O Xanadu é um sistema mundial de hipermídia, onde "tudo" pode ser imediatamente acessado, onde as ideias de todos podem estar associadas com quaisquer outras, e nele os mesmos documentos podem aparecer em múltiplos contextos sem terem sido duplicados fisicamente.

Ted Nelson foi considerado por alguns um visionário, pois propunha o hipertexto como algo produtivo e não restritivo, talvez inspirado pelos ideais de liberdade dos anos 60, quando muitos jovens passaram a contestar a sociedade de consumo e a pôr em causa os valores tradicionais e o poder militar e econômico. Esses movimentos de contestação, chamados também de contracultura, envolveram, principalmente, músicos, artistas plásticos e estudantes.

---

2 Disponível em: http://ofingidor2008.blogspot.com/2010/03/poesia-em-traducao_20.html (Acesso em 11/2/2011.)

Seus ideais só foram alcançados, de fato, com o advento da Web 2.0, no ano 2000, pois a partir dela é que, de fato, todos pudemos passar de meros "consumidores" de informação, a também "produtores". Na verdade, durante seu desenvolvimento inicial, o hipertexto precisou de certos limites para poder tornar-se um conceito que fosse possível implementar. Vale a pena lembrar que a agora chamada Web 1.0 era, no começo, praticamente formada por empresas e instituições e seus sites; navegávamos na web apenas como lurkers, espectadores e consumidores de informações, geralmente em formato de texto, em que as imagens (estáticas) eram apenas um complemento, um luxo.

Hoje em dia, de fato, a web aproxima-se mais da ideia de Nelson. Com o advento da Web 2.0, isto é, com a abertura da rede para a produção de conteúdos por usuários comuns nos inúmeros ambientes de interação, tais como os blogs, o Orkut, Facebook e outros sites de relacionamento, os sites pessoais, o Youtube e de inúmeras ferramentas (softwares) para compartilhamento de dados (como veremos mais adiante neste livro), a web ficou mais solta, livre e também mais confusa, pois ao colocar tags, isto é, palavras-chave não padronizadas em posts, ou mesmo, ao cometer equívocos na categorização de seus dados, os usuários confundem os buscadores, como o Google, por exemplo, que podem, então, trazer resultados de busca diferentes dos solicitados na pesquisa.

O hipertexto, para Nelson, era um trecho de texto verbal ou pictórico interconectado com inúmeros outros trechos, por meio de links, de forma complexa, isto é, não linear, que não pode ser representado de modo conveniente de forma impressa. Nelson chamou de hipertexto colateral, ou texto paralelo, a quantidade praticamente infinita de links entre blocos de informações. Também é dele a ideia de "texto elástico" (*stretch text*), uma forma dinâmica de hipertexto contínuo, parecido com o ambiente Wiki de hoje, do qual o principal exemplo é a Wikipédia. Trata-se de um texto que apresenta algo como um *abstract*, um resumo, cujo assunto será tratado mais extensivamente caso o leitor deseje acessá-lo. Essa forma de apresentação textual era comum nos textos religiosos em sânscrito, uma das 23 línguas oficiais da Índia, e em hebreu clássico, onde as ideias eram apresentadas em forma de aforismos, ou máximas, como esta: "a internet aproxima quem está longe, mas afasta quem está perto", e depois expandidas por subsequentes comentadores.

Não podemos encerrar esse resumo da história do hipertexto sem mencionar o trabalho de Douglas Engelbart, um especialista no uso de radares e, portanto, habituado a trabalhar com dados numa tela. Trabalhando para um laboratório aeronáutico chamado Ames – que depois faria parte da Nasa, nos anos 50 –, ele teve a ideia de usar computadores a fim de "aumentar o intelecto humano" para resolver problemas. Em 1962, Engelbart publicou, inspirado nas ideias de Bush, o artigo "Augmentation" (ato ou processo de aumentar), em que apresentava os conceitos do mouse e das múltiplas janelas, que depois seriam utilizados por Bill Gates. Durante seus 30 anos de pesquisas, ele e seu grupo de 17 pesquisadores desenvolveram a noção de edição de texto na tela, construíram o primeiro sistema para linkar blocos de informação e ainda projetaram e desenvolveram o primeiro sistema de hipermídia para o computador.

Figura 4. Representação da rede mundial de computadores

→ **rizomática**: rizoma é um modelo descritivo ou epistemológico na teoria filosófica de Gilles Deleuze e Félix Guattari. O rizoma, distintamente das árvores e suas raízes, refere-se à formação das raízes da grama, ou seja, espalham-se e conectam-se de um ponto qualquer a um outro ponto qualquer.

É importante também falar da contribuição de Tim Berners-Lee, pesquisador da CERN, um laboratório de pesquisa sediado na Suíça, que propôs, em 1989, a World Wide Web. A WWW nasceu em 1991 e é hoje o paradigma dominante do hipertexto aberto. A web (teia), como é chamada, baseia-se, hoje, numa interface gráfica (não utiliza comandos escritos, pois permite o acesso a dados diversos (textos, animações, filmes, músicas etc.) através de uma interface do mouse e de ícones em telas.

O que faz da web uma teia, ou seja, uma complexa malha de informações interligadas, é sua própria estrutura hipertextual, que permite que cada página de cada site possa se conectar a qualquer outra página ou site da rede, ou mesmo se desconectar de alguma delas, segundo o princípio de assignificação proposto pelos filósofos Deleuze e Guattari em 1980 (os mesmos que chamaram de **rizomática** a estrutura da web), cuja vantagem é que num rizoma rompido em um lugar qualquer, sempre haverá a possibilidade de uma religação por outro caminho, sem que a rede sofra com isso.

Em 1993, com o lançamento do Mosaic, um navegador gráfico para a web, a interface entre o usuário e a rede ficou muito mais amigável e, a partir daí, com o surgimento de outros navegadores, tais como o Internet Explorer e o Mozilla Firefox, seu principal concorrente, e mecanismos de busca, dos quais o Google tornou-se quase unanimidade, a rede vem se expandindo indefinidamente.

De fato, há várias redes dentro da rede (web). Temos, por exemplo, as intranets, redes que ligam apenas determinados computadores e pessoas, como é o caso da maioria das empresas, cujos dados podem ser acessados online apenas por pessoas que possuam as senhas; é uma rede privada. As intranets podem ser redes locais, conhecidas como LAN (Local Area Network – Rede de Área Local) ou redes de longa distância, a WAN (Wide Area Network – Rede de Área Extensa). No primeiro caso é uma rede de computadores que estão relativamente próximos, normalmente, no mesmo edifício. Caso mais emblemático talvez sejam as lan houses; nelas os computadores conectam-se entre si para que os jogadores possam jogar as mesmas partidas. Nas lan houses, também é possível conectar outras redes, como a rede mundial. Já as WAN conectam dispositivos que estão separados por muitos quilômetros. Seria o caso, por exemplo, de um supermercado consultar em uma filial a disponibilidade de determinado produto, seu preço etc. Assim, podemos perceber que a internet é, na realidade, um conglomerado de redes públicas e privadas, enquanto a web é um sistema de informações organizado para englobar todos os sistemas de informação disponíveis na internet.

Podemos dizer que a web, hoje, é um hipertexto aberto, pois quase tudo o que há nela está interconectado, e documentos podem ser acessados e acrescentados a partir de qualquer ponto (mesmo simultaneamente). A web caracteriza também um hipertexto descentralizado – não há uma sede da web – e também não hierárquico, isto é, a web não tem chefe ou dono.

4. DOCUMENTO: UNIDADE BÁSICA DE INFORMAÇÃO

Retomando a ideia de que os hipertextos são textos digitais conectados por meio de links, alguém pode estar pensando sobre o porquê dessa denominação, se em nossos computadores usamos o termo "documento": criamos, abrimos, fechamos, copiamos, enviamos, modificamos, imprimimos, deletamos e salvamos documentos o tempo todo. Não deveria chamar-se então hiperdocumento?

Bom, de fato, esse nome "hiperdocumento" já foi utilizado, mas não "pegou". Assim, utilizamos hipertexto quando nos referimos a documentos linkados. Pode-se dizer que ainda não existe um consenso entre os linguistas sobre o que define um "texto", ou que as definições possíveis são um tanto complicadas, enquanto para a informática o caso está mais bem resolvido, uma vez que a definição do termo veio com seu uso: documentos são os arquivos que manipulamos e que podem estar em nosso computador ou em qualquer lugar da web. Os documentos não possuem restrições de tamanho, de linguagem ou de conteúdo. Nesse sentido, documento e texto são termos intercambiáveis e serão utilizados como equivalentes neste livro.

Enquanto para a informática o hipertexto trouxe questões relativas a tamanho ou "peso" do documento, velocidade, formas de acesso, armazenagem etc., para os estudos da linguagem e da educação, ele nos fez pensar sobre questões de leitura e de produção de hipertextos e de seus possíveis usos no ensino.

A possibilidade de interconectar documentos permite que eles sejam mais sintéticos e enxutos e que a eles sejam "linkados" textos independentes entre si. A relação entre eles será feita pelo leitor, ao clicar nos links. Por isso os hipertextos são não hierárquicos e podem ser acessados sem que o leitor siga uma ordem convencionada ou prefixada. Essa liberdade do leitor traz consequências para a leitura e para a atribuição de sentidos, assim como também traz consequências para o autor, já que inserir links em palavras, imagens ou outros elementos do texto transforma o ato de escrever em algo bem mais complexo. Daí vem a importância de entendermos os links como elementos fundamentais do hipertexto e de conhecermos um pouco mais sobre os efeitos de sentido que sua presença ou ausência traz à leitura.

5. LINKS: ELEMENTOS CENTRAIS DO HIPERTEXTO

Os links são os elementos constitutivos do hipertexto. Sem eles, o hipertexto é apenas texto. Há diferentes tipos de links que, conforme o local onde são postos e as ligações que promovem, modificam, ampliam, induzem ou restringem sentidos.

Embora a literatura da área tecnológica tenha criado o termo **"âncora"** para designar a porção visível do link que o leitor utiliza para ativar o link,

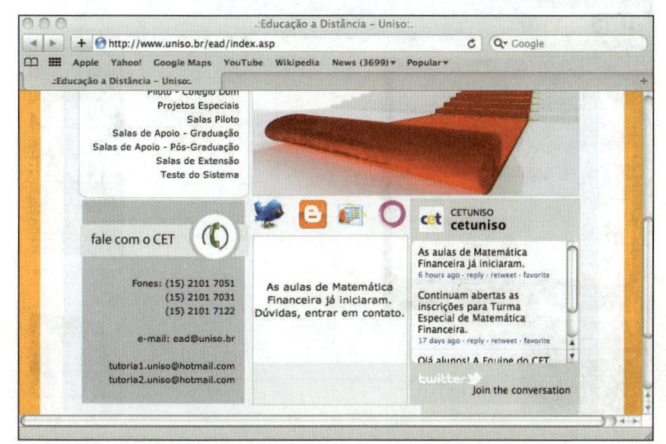

Figura 5. Exemplo de âncora: a porção visível do link para o Twitter.

tornou-se comum referir-se a ambos (âncora e link) apenas como link; é o que faremos neste livro.

O link pode ser entendido como uma área dentro de um texto que é a fonte ou o destino da ação de clicar.

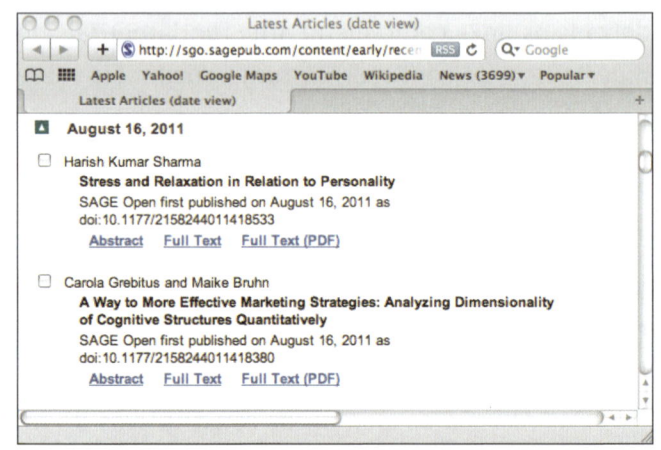

Figura 6.
Exemplo de link
com palavras.

Ou seja, clica-se num link para abrir outro link. O link pode ser todo o conteúdo (por exemplo, os textos/imagens tipo pop-up) ou parte dele.

Figura 7. O pop-up "salta
por cima" da tela,
trazendo um anúncio;
ele mesmo é um link.

Tipicamente, clicar com o mouse sobre área de um link resulta em chegar-se ao seu destino. Os links tendem a ser destacados, visíveis. Podem também ser representados por um símbolo especial, um botão, um ícone, palavras ou conjunto de palavras (p. ex.: "veja também", "ouça a música", "fazer login", ou "home" etc.).

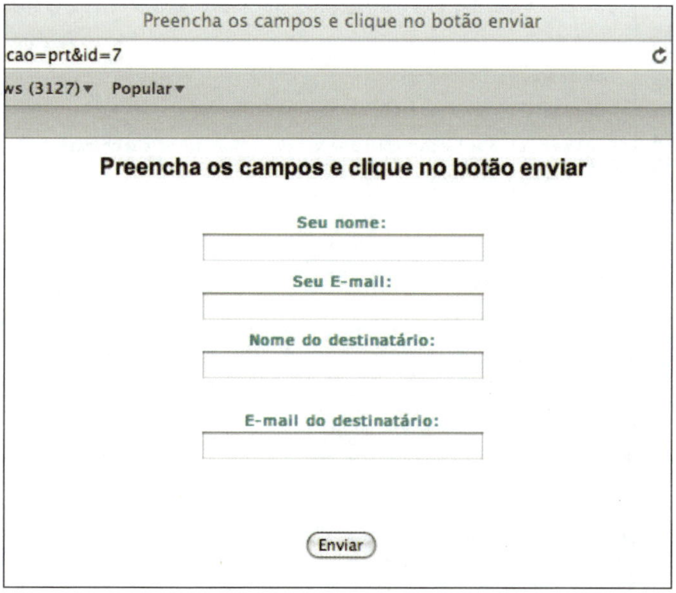

Figura 8. Exemplo de botão: "Enviar".

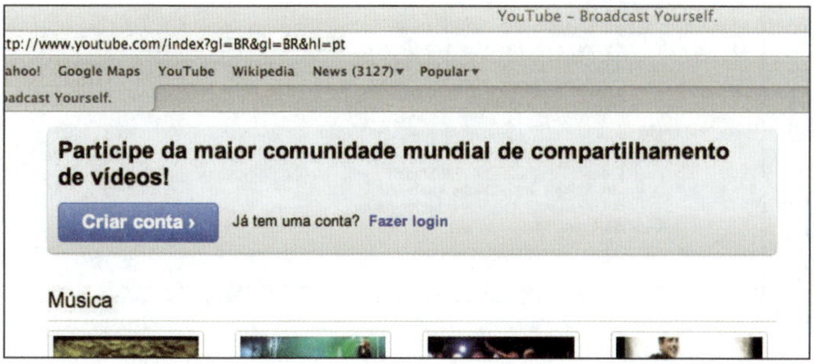

Figura 9. Palavras que funcionam como link: "Fazer login".

O termo hiperlink, ou simplesmente link, foi cunhado por Ted Nelson em 1965 para o projeto Xanadu. O link, como vimos, tem duas pontas e podem ser internos, externos ou verticais. São chamados

internos quando apontam para um documento (página) dentro do próprio site. Quando apontam para outros lugares dentro do mesmo documento, são chamados de **verticais**. Os links **externos**, por sua vez, direcionam para fora do site.

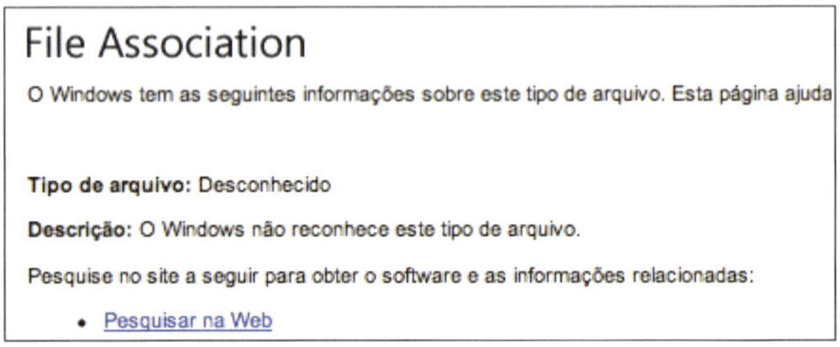

Figura 10. Exemplo de link externo. Nesse caso, o site da Microsoft oferece ajuda em documentos fora de seu site oficial.

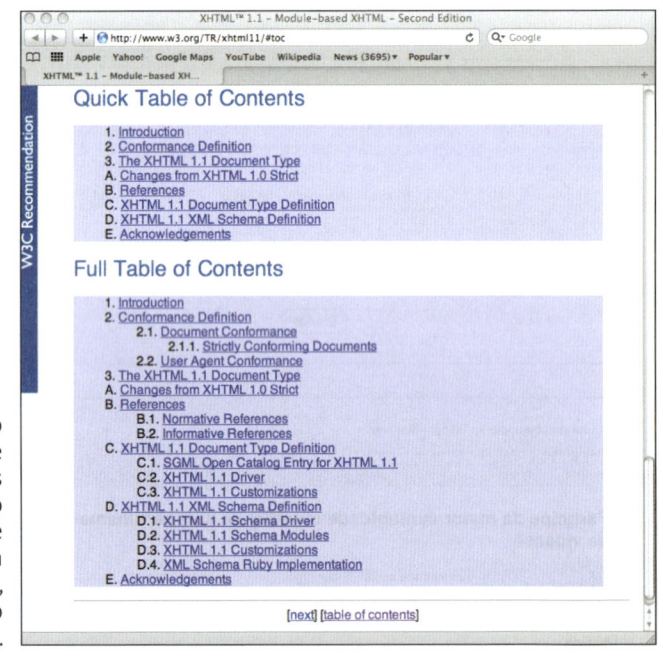

Figura 11. Exemplo de links internos e verticais. Os documentos estão no mesmo site e são também verticais, funcionando como índice.

O link é, portanto, um elemento de navegação: se não for acionado, novos documentos não surgirão. Ele também pode promover ou retirar a coesão e a coerência entre os textos abertos durante o ato da leitura; isto o torna o elemento estrutural central que diferencia o hipertexto de um texto simplesmente digital.

6. OS LINKS E A CONSTRUÇÃO DOS (DE)SENTIDOS

Normalmente dá-se mais importância aos textos do que aos links, ficando estes apenas como elementos de conexão. Porém, como vimos, eles são mais do que isso, pois, por fazerem parte central da organização estrutural e **retórica** do hipertexto, eles alteram o modo como os documentos são acessados e também o modo como podem ser compreendidos, propiciando o estabelecimento de diferentes relações de sentido.

→ **retórica:** arte ou técnica de discursar ou escrever de forma persuasiva e convincente.

Dependendo dos links que escolher, o leitor pode fazer associações semânticas, isto é, ligações a partir dos sentidos das palavras, ler comentários mais aprofundados, obter definições e exemplos etc.

Os links funcionam como dêiticos, isto é, como indicadores, sendo chamados de endofóricos, quando levarem a documentos ou a partes do próprio documento, ou exofóricos, quando abrirem textos que estão fora do documento de origem. Eles também funcionam como conectivos lógicos (setas), como elementos de coesão que orientam o leitor sobre os rumos da leitura que está fazendo, permitindo retornar ao texto anterior, conforme sua necessidade de atribuição de sentidos o exija. Os links são os grandes operadores da continuidade de sentidos (a continuação do mesmo assunto ou tema) e da progressão referencial (a ativação e reativação dos mesmos objetos ou referentes) no hipertexto, desde que o hipertexto tenha os devidos links que permi-

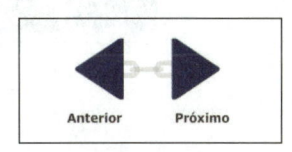

Figura 12. Setas indicam caminhos possíveis de leitura e de sequenciamento de sentido.

tam seguir, de forma coerente, com o projeto e os objetivos de leitura.

Posto isso, podemos pensar que a quantidade, a localização e a saliência (destaque) dos links em cada documento podem influenciar na construção de sentidos, inclusive direcionando-a para os sentidos preferidos pelo autor do hipertexto, conforme a natureza das associações possíveis. As funções dos links de partida e de chegada também devem ser levadas em consideração para que se possam identificar seus efeitos **denotativos**, **conotativos**, desfazer ambiguidades etc.

Figura 13. Link conotativo, foto à esquerda contextualiza a leitura da legenda (link), em vermelho, "Crise na Líbia".
Figura 14, à direita: link denotativo mostra ou explica a imagem.

Outra observação importante é que grupos de links geralmente encontrados em mapas do site, blogs e menus tendem a ser mais hierárquicos e denotativos, pois são vistos como ferramentas de navegação pelo site ou blog e nomeiam os destinos, enquanto os links isolados são mais propensos a serem contrastados com o conteúdo que abrem, fornecendo ao leitor pistas para relações contextuais e para sentidos conotativos. Parece certo que quanto mais raros, mais importantes os links se tornam.

Por outro lado, é interessante notar que os links escondidos (não distinguíveis, não salientes ou num menu) trazem uma promessa de recompensa, pois sugerem uma interpretação mais secreta ou subjacente. Já os links quando colocados entre as palavras, numa frase, parecem sugerir fortemente ao leitor que clique nele e leia mais. Já os colocados ao final do texto enfatizam a última palavra do texto, dando ao link uma importância maior e de continuidade.

O formato dos links, seu aspecto gráfico, se não animados (movimentam-se, mudam de forma etc.), também trazem sentidos não verbais importantes.

Podemos observar que o hipertexto amplia consideravelmente as possibilidades de construção de sentido devido à quantidade e variedade (i) de textos e linguagens, (ii) de tipos e gêneros textuais e (iii) de formas pelas quais as ligações estabelecidas tornam-se necessárias ou são apenas sugestões do autor do hipertexto.

7. TIPOS DE LINKS

A fim de podermos "escrever" hipertextos – logo veremos que talvez o termo mais apropriado seja "construir" – é necessário entendermos um pouco sobre os tipos de links possíveis e suas finalidades; algo como uma "gramática" do hipertexto, já que, como vimos, os links apresentam uma natureza ativa e funcionam tanto como conectivos, pois têm função retórica e discursiva, auxiliando na construção dos sentidos do hipertexto, funcionando também como elementos estruturantes do hipertexto.

As funções estruturantes e discursivas dos links estão relacionadas aos seus diferentes tipos e às funções que desempenham no hipertexto. Um dos primeiros levantamentos sobre os tipos de links e, talvez, um dos mais extensos e detalhados até hoje foi o de Randall Trigg, em 1983, em sua tese de doutorado. Ele apresenta 75 tipos de links diferentes. Depois dele vieram muitas outras classificações e tipologias, inclusive porque os recursos tecnológicos aumentaram e novos tipos de links foram criados.

Atualmente, porém, alguns tipos de links têm se mostrado mais produtivos que outros, de modo que podemos agrupar os links em seis categorias que, didaticamente organizadas, nos darão todas as referências necessárias para a identificação dos tipos de links mais recorrentes e suas funções estruturais e retóricas. Essa categorização é uma adaptação da realizada por Hissa[3], em 2009.

7.1 Segundo suas macrofunções semânticas e organizacionais

Links semânticos	Links estruturais
Produzem relações de sentido.	Proporcionam relações estruturais de navegação.

Essa é nossa primeira grande divisão: ou os links estabelecem/produzem relações semânticas ou estruturam e facilitam a navegação (o que, em última

3 HISSA, Débora L. A. *Relações de sentido entre hiperlinks:* um estudo exploratório-descritivo do Centro Virtual Cervantes. Dissertação (Mestrado) – Universidade Estadual do Ceará, Fortaleza, 2009.

instância, não deixa de ser também uma relação semântica!). Como foi dito, essa divisão é apenas didática, pois, na realidade, as escolhas possibilitadas pela estrutura do site, do blog etc. são formadoras de sentido também. Os links semânticos usualmente ligam os textos a referências feitas nele, tais como uma citação, uma nota de rodapé, um documento-fonte, um vídeo etc. Eles também produzem relações de sentido ao promover associações entre causa e efeito, entre ideia geral e particular, entre conceito, definição e ilustração/exemplificação etc.

Exemplos de links semânticos:

Figura 15. A Wikipédia apresenta inúmeros links semânticos (em azul) com as funções de exemplificar, ilustrar, definir etc.

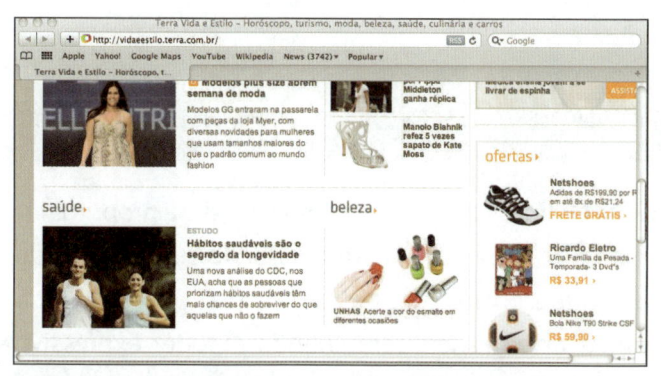

Figura 16. A palavra *saúde* traz em seu campo semântico a palavra *visão*, e dentro dessa categoria semântica, temos conselhos sobre cuidados com a visão. Essas informações são necessárias para contextualizar a leitura.

Por sua vez, os links estruturais são os organizadores do hipertexto e ocorrem, principalmente, em sistemas hipertextuais, tais como blogs e sites, por exemplo, em que a presença de sumários, mapas, listas de conteúdos etc. são essenciais para a leitura e para a navegação no ambiente hipertextual, tanto no sentido da profundidade, quanto na amplitude de temas.

Exemplo de links estruturais:

Figura 17. A coluna à esquerda é formada por links estruturais que auxiliam a navegação pelo site.

7.2 Segundo a forma e o visual do link

Links textuais	Links gráficos
São não verbais ou mistos. Aparecem sob a forma de ícones, botões, imagens, mapas etc.	Geralmente sublinhados, destacam-se do texto pela cor e também pelo tipo e tamanho da fonte.

Os links textuais, muitas vezes, são a própria *chamada* de uma notícia, aproveitando sua posição de destaque; outras vezes, a parte verbal vem embutida numa arte gráfica, combinando o poder expressivo da palavra com o da imagem, geralmente colorida.

Já os links gráficos aparecem numa imensa profusão de ícones, botões, imagens e símbolos, como é o caso dos já bastante conhecidos das redes sociais: Facebook, Twitter e Orkut, por exemplo.

Esses links podem ser dinâmicos também, isto é, ser animados e, algumas vezes, acompanhados de efeitos sonoros.

Exemplo de link textual:

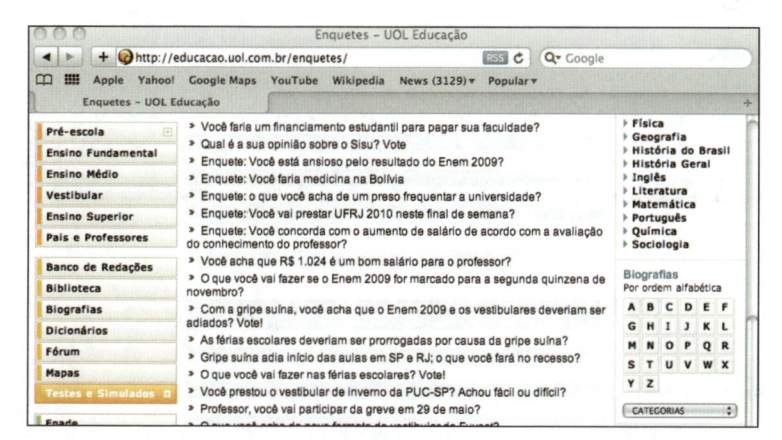

Figura 18. Nesta página, todas as palavras e grupos nominais à esquerda são links textuais, assim como a lista central de temas, os componentes curriculares à direita e as letras do alfabeto, em Biografias.

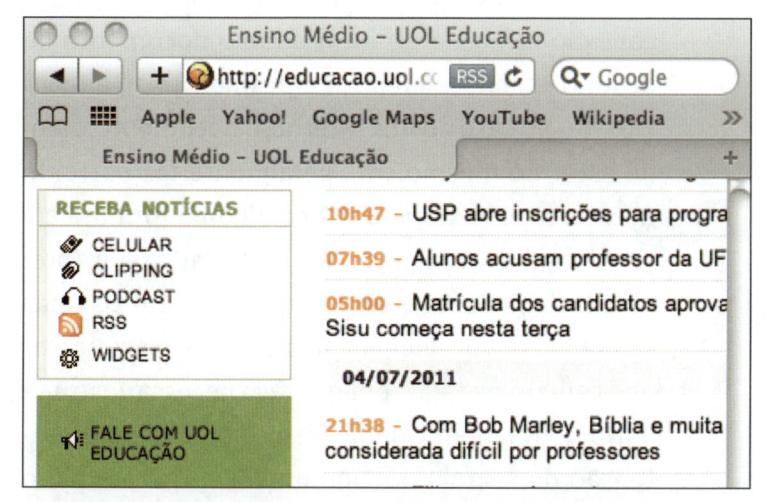

Figura 19. Link misto: à esquerda, os nomes CELULAR, CLIPPING etc. aparecem em caixa alta, acompanhados de ícones (figuras ao lado) que são links.

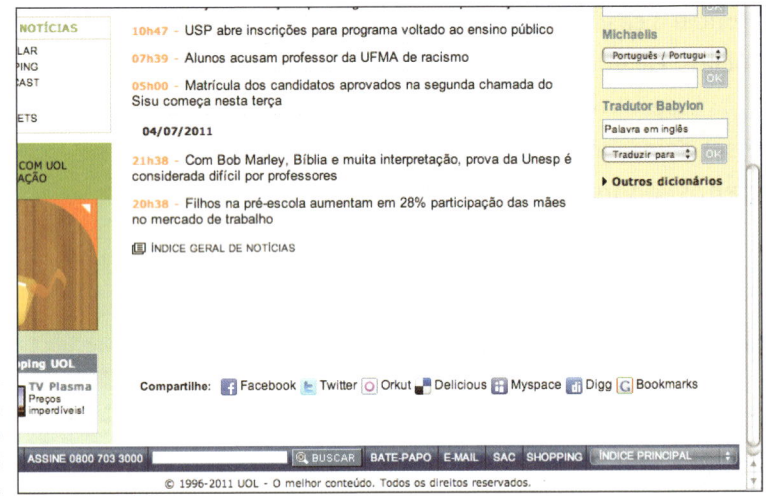

Figura 20. Links gráficos nos símbolos do Facebook, Orkut e Delicious.

7.3 Segundo o lugar de conexão

Links internos	Links externos
Conectam documentos, ou partes deles, a outros documentos que estão no mesmo site.	Ligam documentos, ou partes deles, a outros documentos que não fazem parte do mesmo hipertexto; e que estão em outro(s) site(s).

A classificação dos links segundo seu lugar de conexão refere-se ao local onde o documento de destino está hospedado: no mesmo site ou em outro site. No caso do link interno, o documento, além de estar no mesmo site, geralmente faz parte do mesmo hipertexto ou está, de alguma forma, a ele relacionado. Esse tipo de link é utilizado para apresentar documentos longos, divididos em páginas sequenciais, pois além de dividir o texto em partes que caibam na tela (sem que seja necessário usar a barra de rolagem), ainda oferece uma ideia da extensão do texto. Esse tipo de link é útil porque o leitor não precisa esperar a abertura de uma nova página em outra janela para obter mais informações sobre um produto, pois já saberá de antemão que será conduzido para outra parte do mesmo documento. O link interno também é utilizado no final de documentos, normalmente em forma de seta ou outro ícone, ou ainda, com os dizeres "voltar ao topo". Nesse caso, o leitor retorna ao topo da mesma página em que está. Já no link externo, o documento a ser aberto está fora do próprio site. Ele pode estar, então, no mesmo servidor, mas em outro site, ou ainda em outro servidor em qualquer lugar do mundo.

Exemplos de links internos:

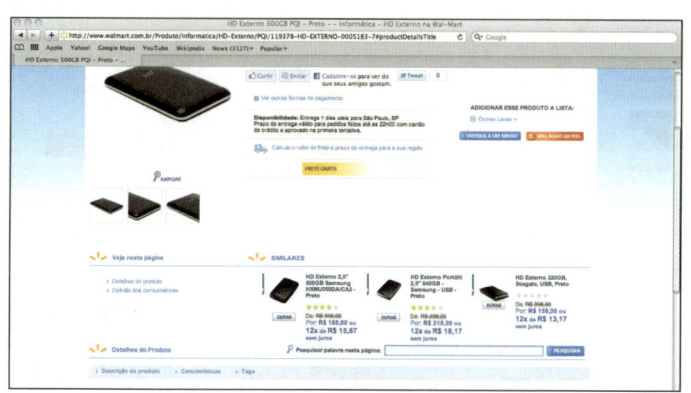

Figura 21. Observe que no próprio site o leitor já fica sabendo que o link abrirá na mesma página ("veja nesta página"). De fato, a descrição do produto vem logo abaixo, como se pode ver no link (Detalhes do Produto).

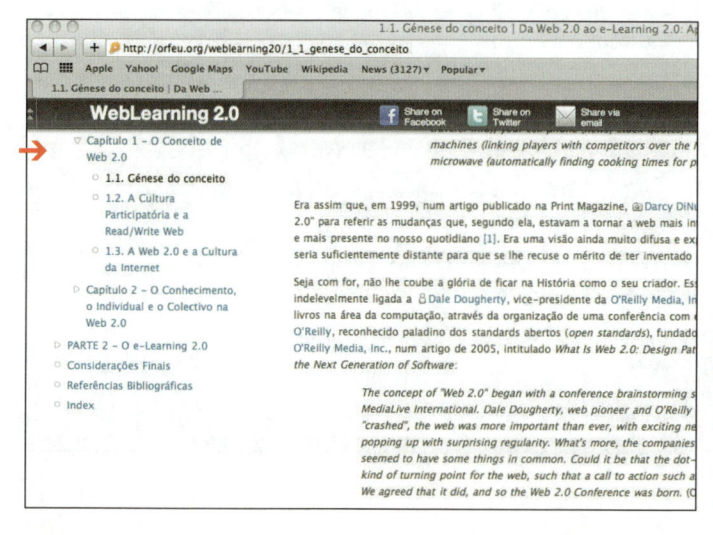

Figura 22. A imagem mostra o *Capítulo 1. O Conceito de Web 2.0* (um link interno), e mostra também outros links internos para outras partes do mesmo hipertexto. No rodapé, o termo "up" (para cima, o mesmo que "voltar ao topo") também é um link interno.

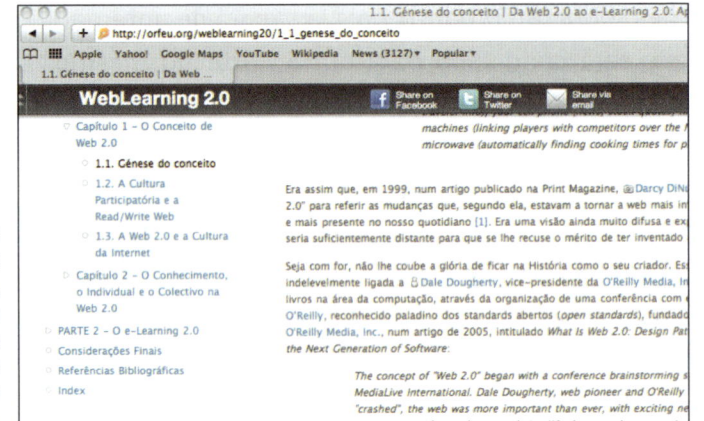

Figura 23. O mesmo exemplo da Fig. 22 ressaltando, desta vez, os links estruturais à esquerda da página, as divisões em capítulos e páginas dentro do mesmo documento.

Exemplos de links externos:

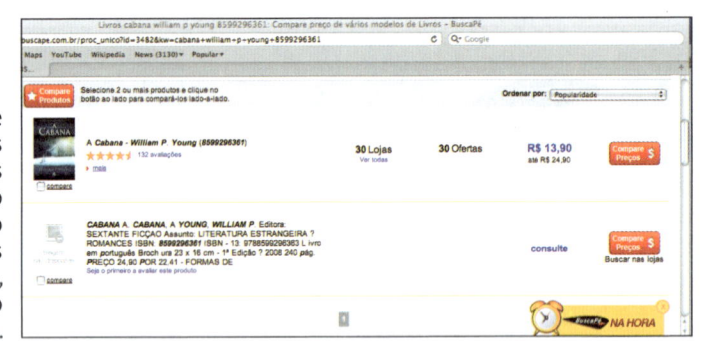

Figura 24. Um site de cotação de preços oferece links para as livrarias que vendem o livro consultado *A Cabana*. Os sites das livrarias são, portanto, links externos ao do site de cotações.

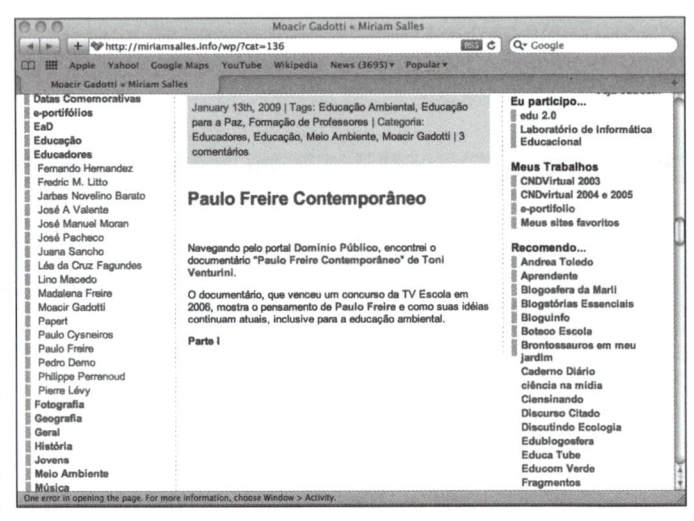

Figura 25. Outro exemplo de link externo que, desta vez, não é central para a leitura, mas aparece como uma sugestão modalizada para recomendação de leituras. Esse tipo de link externo é utilizado também em sites de vendas, com nomes insinuantes, do tipo: "quem comprou este livro, comprou também..." e apresenta outros livros "semelhantes".

7.4 Segundo o tipo de percurso que oferecem ao usuário

Linear	Não linear
Possibilitam apenas leitura sequencial dos textos; normalmente feitos para o meio impresso, mas foram disponíveis também na web.	Possibilitam leitura não sequencial; feitos genuinamente para a web.

Os conceitos de linearidade ou não linearidade dos percursos de leitura possíveis num hipertexto são motivo de discussão acadêmica. Em todo caso, a não linearidade pode ser um fator motivacional para a leitura de hipertextos, pois implica maior liberdade do leitor para escolher as sequências que preferir (desde que haja links). Assim, há links que permitem apenas a progressão sequencial de uma página à seguinte, e há links que possibilitam saltar pelo hipertexto em busca do que o leitor necessitar ou preferir.

Exemplos de links lineares e não lineares:

Figura 26. As imagens (parte inferior, com ícones de uma câmera fotográfica) e vídeos (são 3, parte superior, com ícone "play") do documento somente podem ser acessados se forem clicados. A liberdade para uma leitura não linear pode ser exercida quanto aos 3 vídeos e às 4 fotos.

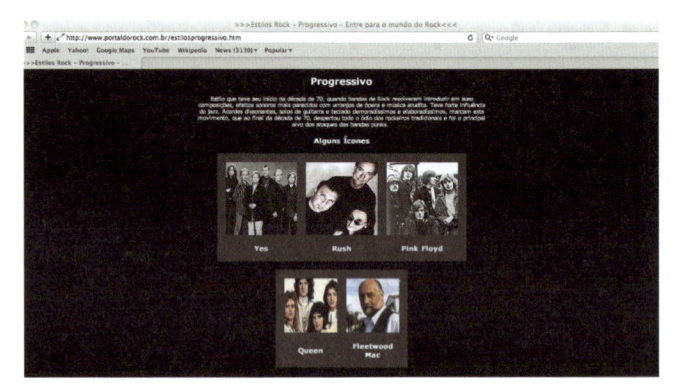

Figura 27. Esta página sobre grupos de rock progressivo pode ser lida em qualquer sequência, não necessariamente linear, bastando, para isso, o leitor clicar sobre a imagem da banda que deseja ler primeiro.

Porém, os criadores de sistemas hipertextuais estão sempre procurando alternativas. Observem o exemplo abaixo: o site permite ao leitor **expandir as informações dos links**, que abrem em forma de cascata, na mesma página. Essa combinação ficou extremamente funcional, mas apenas profissionais com domínio de ferramentas e técnicas avançadas podem confeccioná-la.

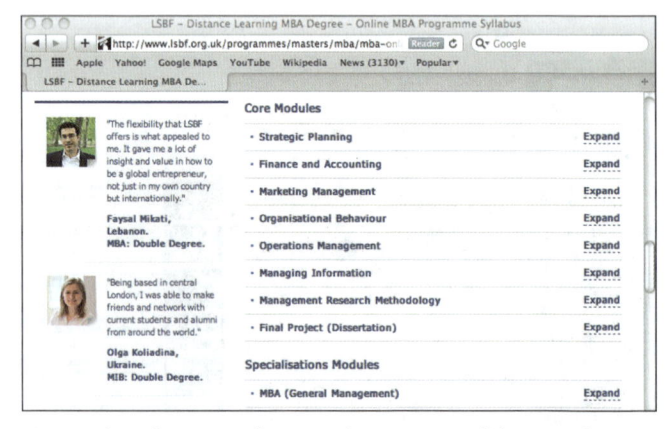

Figura 28. Links que podem ou não ser expandidos para leitura e que abrem documentos na mesma tela. No exemplo, os links "Strategic Planning" e "Marketing Management" foram clicados e expandidos, enquanto o "Corporate Finance" não foi clicado. Esta é uma solução que combina vários tipos de links de forma criativa.

7.5 Segundo a localização dos links no documento

Links superpostos	Links implicados
Aparecem superpostos, na forma de menus, índices, mapas e geralmente são salientes.	Aparecem como parte do texto ou da imagem, ficando embutidos no próprio texto.

Já vimos que a localização dos links no hipertexto tem função retórica, isto é, influencia na construção de sentidos. Podemos notar também que, com o tempo, os sites e blogs foram se estabilizando em alguns modelos que se repetem; isso para evitar que o leitor, a cada novo site ou página da web, tenha que pensar, procurar demais ou mesmo "decifrar" seu design. Dessa forma, os links chamados de superpostos geralmente são aqueles estruturais, isto é, que facilitam a navegação, enquanto os links implicados são contextuais e relacionados ao texto, e aparecem integrados a ele. Conforme o lugar do texto em que são colocados e conforme sua saliência, podem tornar praticamente obrigatória a ação do leitor de neles clicar. Têm, portanto, valor discursivo bastante forte.

Exemplos de links superpostos e implicados:

Figura 29. Observamos à esquerda e à direta uma coluna de links superpostos; eles estruturam o site.

Figura 30. Pode-se observar que uma grande quantidade de palavras do texto está em cor diferente e sublinhada; elas podem ser lidas como partes integrantes do texto ou clicadas quando necessário. São os links implicados.

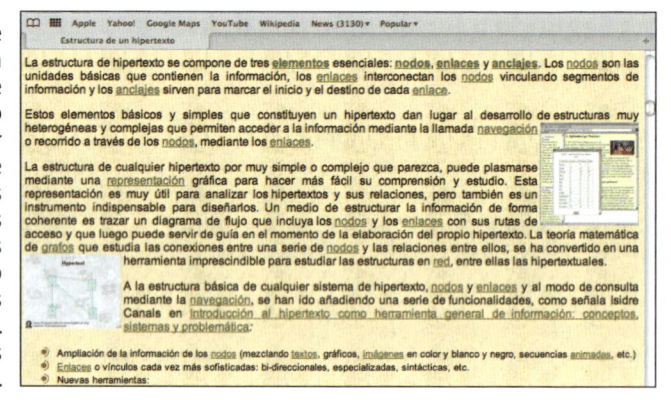

7.6 Segundo o modo de troca de páginas ou documentos web

Links de substituição	Links de superposição
O texto de destino substitui o texto de partida, na tela.	O texto de destino se abre em outra janela, sem fechar o primeiro, ficando ambos os textos compartilhando a mesma tela.

Os modos de troca ou de surgimento de páginas e documentos são muito importantes para a construção de sentidos de um hipertexto. Quando o texto de destino substitui o da página de partida, ele possivelmente implicará leitura linear e o leitor terá menos chances de se perder no hipertexto. Já quando os documentos ou páginas são superpostos, abrem-se janelas que vão se acumulando no navegador deixando-o cada vez mais lento. Além disso, se o leitor desejar retornar à primeira página que leu, muito provavelmente se perderá na fileira de páginas abertas. Em sites de venda de produtos e serviços, torna-se cada vez mais comum o surgimento de uma página, em forma de *pop-up*, um lembrete às vezes saliente demais, com cores e movimentos. Alguns fecham sozinhos depois de alguns segundos, outros acompanham a barra de rolagem, importunando o leitor, e outros ainda, ao se clicar no "xis" para que fechem, aí é que eles abrem mais janelas!

Exemplos de links de substituição e de superposição:

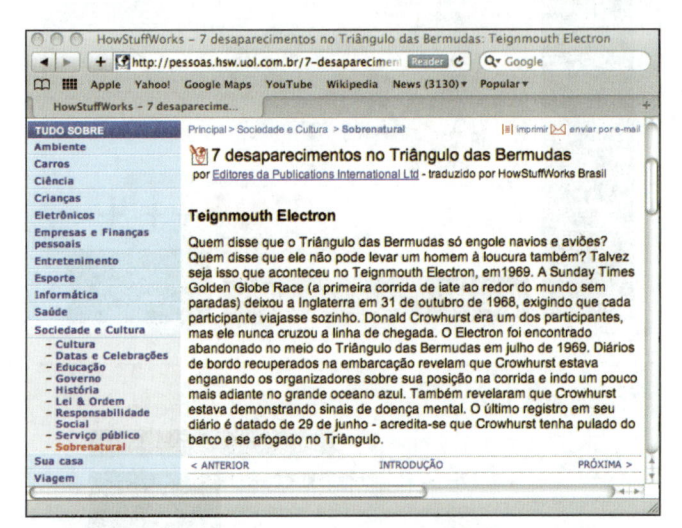

Figura 31. Neste exemplo de links de substituição observa-se que o texto é precedido e seguido por outros, bastando clicar em "anterior" e "próxima". Observe no exemplo a seguir a substiuição da página atual pela próxima.

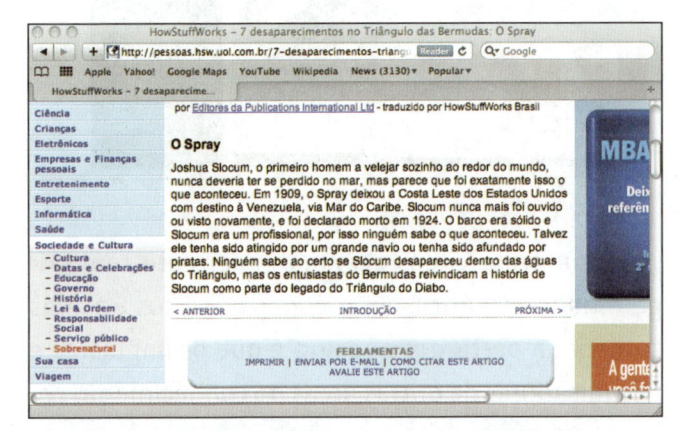

Figura 32. O tema: desaparecimentos de embarcações no Triângulo das Bermudas continua, mas em outra página, que substitui a anterior. O leitor não deverá encontrar dificuldades para retornar ao início; basta clicar no link "introdução".

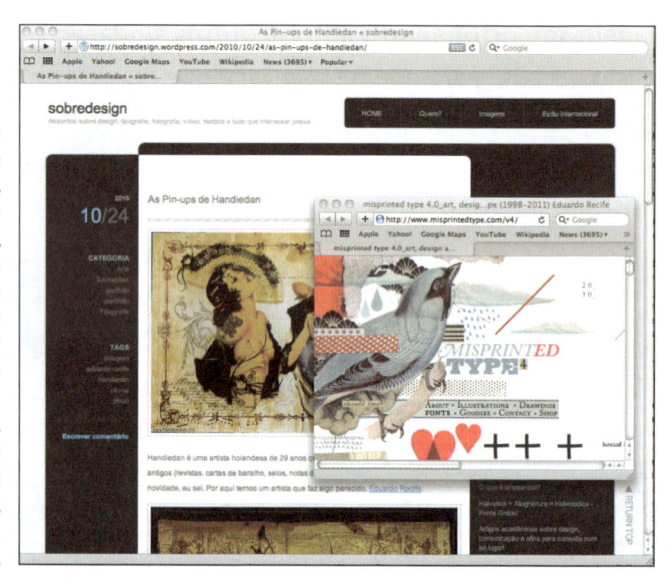

Figura 33. Neste caso há uma superposição inicial de telas. Ao clicar link "Eduardo Recife" (em destaque), uma nova janela se abriu, superpondo-se a ela. E ao clicar no link dessa nova tela (KK Outlet- em destaque) uma outra página se abriu. Se o leitor não as fechar ela irá para o rodapé do navegador, como mostra o exemplo 34, abaixo.

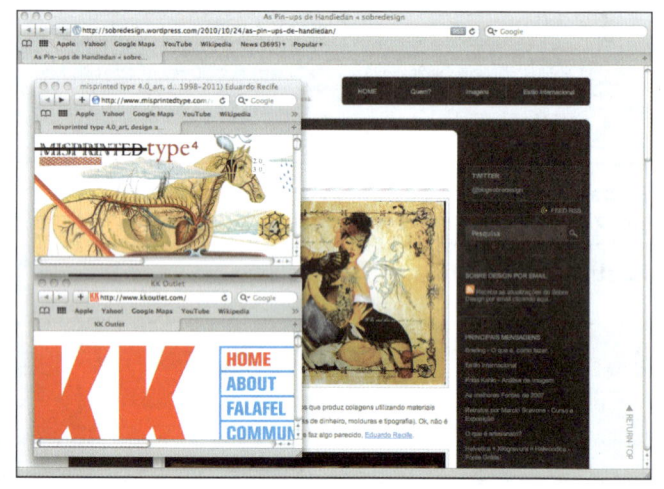

Figura 34. Note-se que meu computador mostra três janelas abertas! Mais que seis janelas prejudicaria bastante a navegação e a velocidade. Um agravante: alguns computadores mais antigos possuem menos recursos para a administração das janelas abertas superpostas.

Conforme vimos acima, o hipertexto tem origem na informática, em meados dos anos 60, mas somente a partir dos anos 90 é que os linguistas e pesquisadores de outras áreas do conhecimento começaram a estudar suas implicações para o ensino.

A grande questão foi e tem sido como tirar proveito das principais características do hipertexto enquanto sistema informático e **artefato linguístico**.

→ **Artefato linguístico.** Produto do trabalho humano com a linguagem composto pelos planos fonético, morfossintático, léxico-semântico, pragmático e discursivo.

O hipertexto permite, através de uma **interface intuitiva**, organizar a apresentar informações pouco ou nada estruturadas em ambientes que podem ser compartilhados e colaborativos, nos quais se possam criar novas referências (links) entre documentos e acrescentar elementos, fazendo crescer o hiperdocumento (hipertexto).

O hipertexto pode ser entendido como uma modalidade de escrita que procura maneiras alternativas de construção textual que ajudem a contornar as dificuldades impostas à leitura do texto na tela e também a explorar os recursos oferecidos pelo meio digital, como os links e a inserção de imagens, por exemplo.

Mas escrever um hipertexto é diferente de escrever um texto qualquer; é uma atividade que envolve certas particularidades que vão além da organização textual e da apresentação linear das ideias; por isso, dizemos que *construímos* um hipertexto mais do que o escrevemos. É necessário pensar em sua estrutura, em como os diversos textos serão interconectados, pois essa decisão influenciará na forma de busca e de recuperação de informações e afetará grandemente os percursos de leitura possíveis e a construção de sentidos. Para leitores não muito habituados, os hipertextos precisam ser mais simples e intuitivos, ou seja, é necessário adequar o hipertexto ao leitor. No caso do ambiente escolar, é necessário adequá-lo às leituras e atividades pedagógicas propostas. Trataremos desse tema na Parte Dois deste livro, com sugestões de atividades práticas.

A despeito dos comentários e definições feitos no início deste livro, que levaram em conta um hipertexto idealizado, há vários tipos de hipertextos,

→ **Interface intuitiva.** Diz-se de uma forma de interação que é explícita, não ambígua evidente, entre um sistema (hipertexto, por exemplo) e seu usuário (leitor).

com características diferentes. Inicialmente, podemos dizer que os hipertextos podem ser classificados em duas grandes categorias: abertos, quando seus links apontam para documentos (textos, imagens, arquivos de áudio e vídeo) distribuídos em servidores distintos, como é o caso da web, genericamente falando; ou podem ser fechados, quando todo o conteúdo se encontra armazenado numa única unidade de armazenamento e não pode ser alterado. É o caso do CD-ROM – *Compact Disc-Reading Only Memory* – Disco Compacto – Memória Apenas para Leitura e de programas hipertextos feitos no Word e no Power Point, por exemplo, quando off-line, ou ainda, quando os documentos estão no próprio computador, como é o caso do exemplo abaixo.

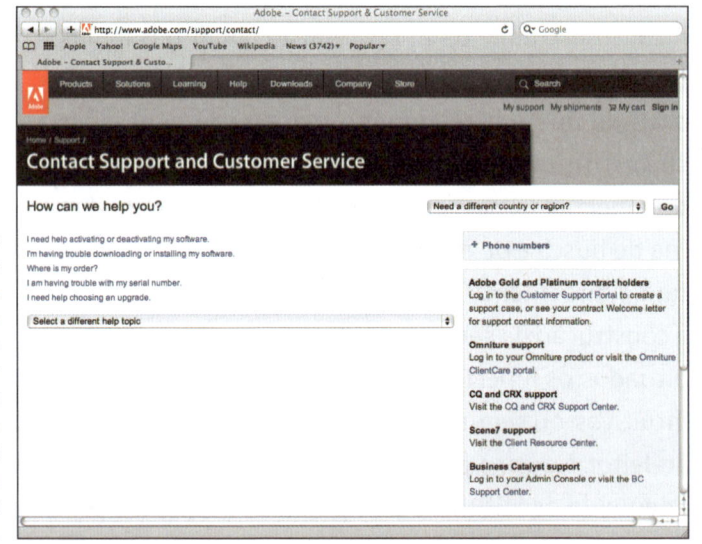

Figura 35. Exemplos de hipertexto aberto e fechado: links iternos remetem a textos instalados no computador do usuário; links externos remetem a textos e informações no site da empresa. Fonte: tela de ajuda e suporte do Adobe.

Há, porém, hipertextos que expandem o conceito de "aberto", possibilitando ao leitor acrescentar links para outros documentos ou mesmo escrever colaborativamente. Portanto, há alguns hipertextos que são mais parecidos com os textos impressos, como os livros, jornais e revistas que "já vêm escritos" e outros que exploram os recursos do meio digital, inserindo outras linguagens ou modos de expressão, tais como áudio e vídeo, e que ainda podem favorecer a interação entre o autor e o leitor ou leitores, através da participação direta na construção de textos por meio de links para comentários ou para escrita colaborativa. A Wikipédia e o Google Docs são exemplos dessa possibilidade. O exemplo a seguir mostra um sistema hipertextual que explora os limites das linguagens e da participação ativa do leitor, tanto para traçar suas rotas de leitura, quanto para tomar o papel de autor e construir pequenas narrativas, com personagens criados pelos autores do site. É, sem dúvida, um dos exemplos mais bem acabados da exploração dos recursos do hipertexto e da interatividade em ambiente virtual.

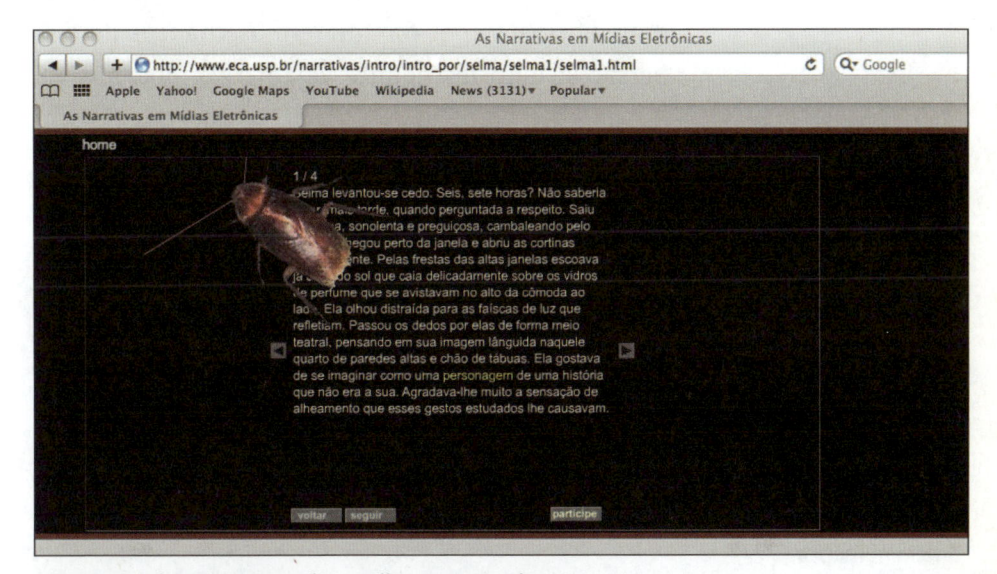

Figura 36. O leitor-autor pode escolher seguir, voltar ou participar da construção das narrativas propostas no site. Além disso, todas as seções do site dependem das ações do leitor: se não clicar nada ocorre!

O hipertexto, quanto à sua estrutura e flexibilidade de navegação, pode ser classificado em quatro tipos: sequencial, hierárquico, reticulado e em rede.

O **modelo sequencial** é o que mais se aproxima dos textos impressos. Nele, o percurso de leitura é linear e, no máximo, bidirecional, isto é, o leitor pode apenas ir e voltar sequencialmente, texto a texto. Nesse caso, para ler o terceiro documento, o leitor tem de passar pelos dois primeiros e, por outro lado, pode não ser proveitoso começar a ler pelo terceiro documento, pois as informações nele contidas pressupõem a leitura dos dois documentos anteriores. Esse modelo de hipertexto já foi um dos mais utilizados, mas com o surgimento de novas ferramentas e de ambientes mais "amigáveis" e mais flexíveis, esse modelo é usado ainda apenas em alguns materiais didáticos digitais, justamente porque, para fins de ensino, hipertextos mais "controlados" podem ser mais eficientes por diminuírem as chances de dispersão do leitor/estudante. Vejam o exemplo abaixo.

Figura 37. Observe-se, na parte baixa da página, a sequência numérica de links. A única liberdade do leitor é a de não acompanhar a ordem numérica, correndo o risco de perder a "sequência do sentido".

No **modelo hierárquico**, há uma entrada principal para o documento e, através dela, o leitor tem acesso a vários arquivos num mesmo nível hierárquico (no modelo sequencial). O acesso ao nível hierárquico subsequente só é possível a partir do nível imediatamente anterior. Embora possa parecer um modelo muito restritivo, ele tem a vantagem de garantir que o leitor tenha tido acesso a determinadas informações antes de se aventurar em outros níveis hierárquicos pois, caso contrário, poderia ocorrer dificuldade para a construção de sentido.

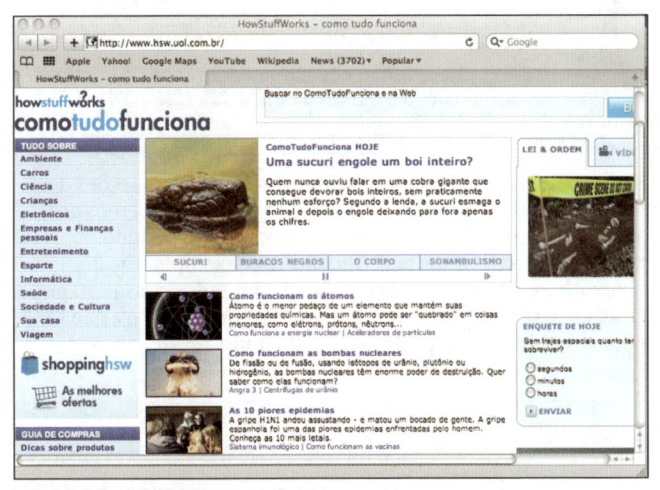

Neste exemplo de hipertexto hierárquico, a entrada fica na coluna à esquerda; ao escolher qualquer seção: por exemplo "Ambiente", "Eletrônicos", "Saúde" ou "Sociedade e Cultura", abre-se um menu com links do mesmo nível hierárquico entre si, tais como "Cultura", "Datas e celebrações",etc. (para o caso de a escolha ter sido pela seção "Sociedade e Cultura"). O leitor pode escolher o link que desejar nesse nível hierárquico. Se optar por "Cultura", poderá optar por links: "Existe mesmo crise dos 7 anos? " e "Biografia de Maomé" etc.

O **modelo reticulado** permite maior liberdade de acesso, porém não integra todos os documentos. Observe, na Figura 39, que alguns documentos só podem ser alcançados por intermédio de outros e, no diagrama mais abaixo, uma representação gráfica desse tipo de hipertexto. Esse modelo, juntamente com o hierárquico, são os modelos mais utilizados atualmente em sites e portais.

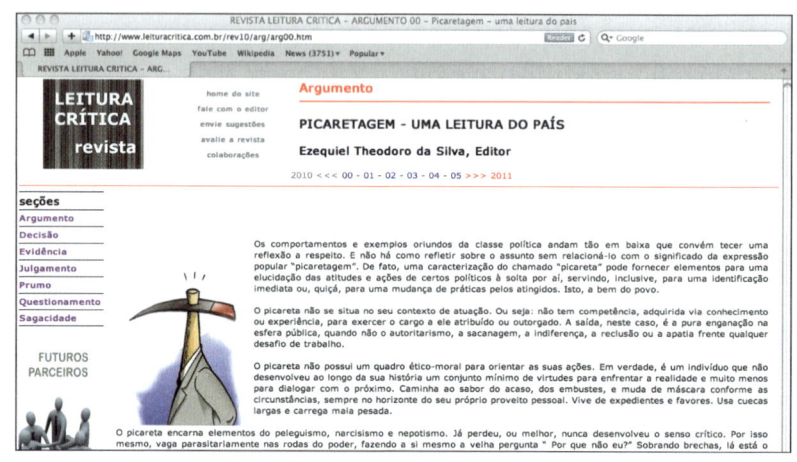

Figura 39. Na coluna da esquerda vemos as diversas seções do site. Ao optarmos por "Argumento", por exemplo, teremos acesso a todos os textos dessa categoria publicados no período 2010-2011. Se optarmos por "Decisão", por exemplo (Fig. 40, abaixo), teremos acesso apenas aos documentos dessa categoria. O sistema, portanto, não integra todos os documentos; não se pode acessar todos, a partir de qualquer um.

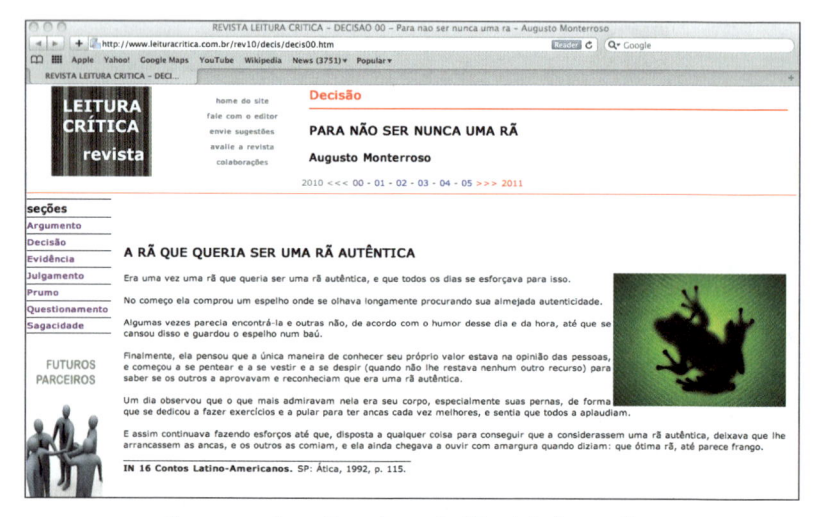

Figura 40. A opção pela seção "Decisão" permite acesso exclusivamente aos documentos arquivados nessa categoria.

Já o **modelo em rede** é descentralizado e não é hierárquico; neste modelo todos os documentos podem ser acessados a partir de qualquer ponto. Na verdade, esse modelo é o mais idealizado de todos, isto é, o menos real, uma vez que os sistemas hipertextuais tenderão sempre a ter documentos em ordens hierárquicas diferentes, pois a menos que seja um hipertexto muito enxuto, isto é, com poucos documentos, não há por que linkar tudo a tudo, embora teoricamente isso seja possível. Observe-se que a Wikipédia, que é um bom exemplo de hipertexto, ajuda a entender esse comentário, pois ela apresenta vários links em cada verbete, mas sempre traz, abaixo do texto "principal", uma tabela com itens e subitens de links organizados por campo de assunto. A Figura 41 abaixo ilustra essa ideia.

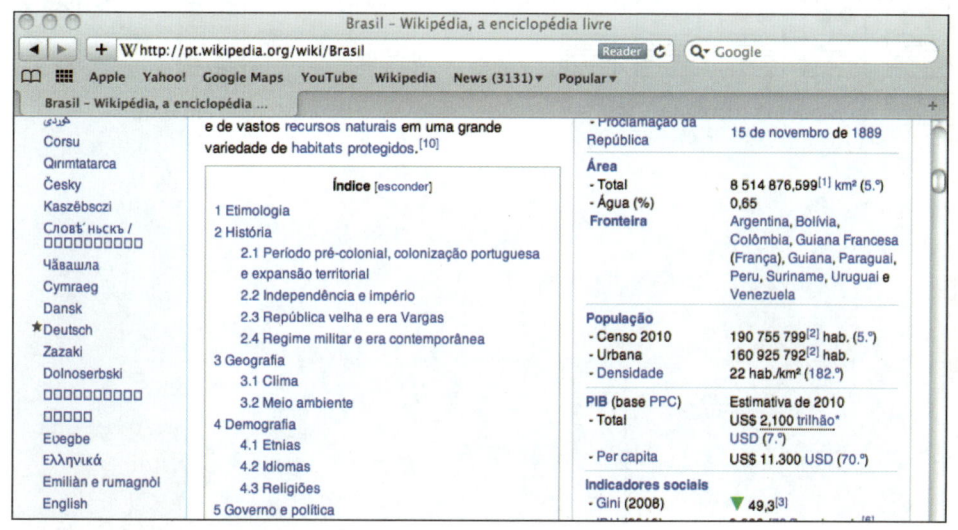

Figura 41. Embora, na Wikipédia, o verbete seja todo ele construído com palavras-links, a enciclopédia ainda traz um quadro com links organizados hierarquicamente (1.; 2; 2.1;2.2 etc.). O modelo de hipertexto em rede, com todos os documentos se interligando, é uma possibilidade tecnológica, mas uma abstração quando se trata de seu uso no mundo prático real.

A fim de exemplificar esquematicamente cada modelo visto, seguem abaixo quatro diagramas esquemáticos dos principais tipos de hipertexto[4].

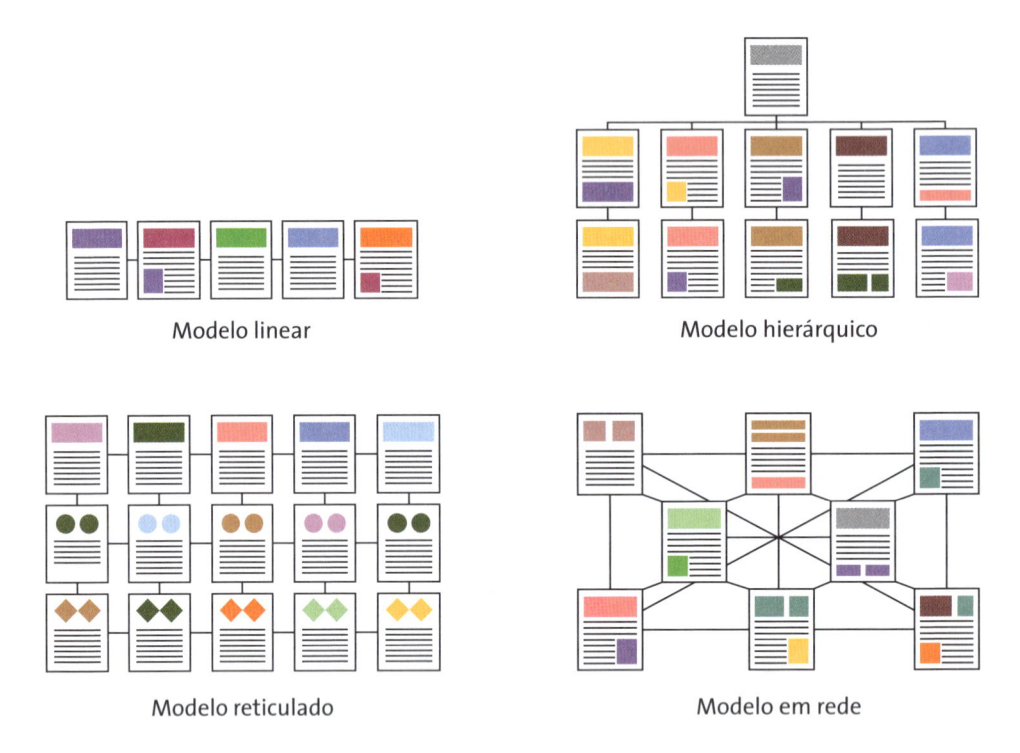

Modelo linear

Modelo hierárquico

Modelo reticulado

Modelo em rede

4 Fonte dos diagramas: <http://www.ldc.usb.ve/~abianc/hipertexto.html> (BIANCHINI, 1991). Acesso em: 25/6/2010.

PARTE DOIS

1. AINDA O HIPERTEXTO: UMA BREVE REVISÃO

Pois bem, falamos um pouco sobre a história do hipertexto, suas características principais, sua estrutura e também sobre a importância retórica dos links. Vamos agora ver algumas sugestões de como podemos incluir o hipertexto no currículo e no cotidiano escolares. As propostas a seguir não se aplicam a necessariamente uma turma em especial, podendo ser adaptadas a qualquer nível de ensino, especialmente ao nível fundamental.

Nossas sugestões para o ensino da leitura e da escrita de hipertextos na escola irão concentrar-se nos conceitos básicos fundamentais já discutidos na Parte Um, que retomamos e discutimos com mais detalhes, a partir dos quatro diagramas abaixo:

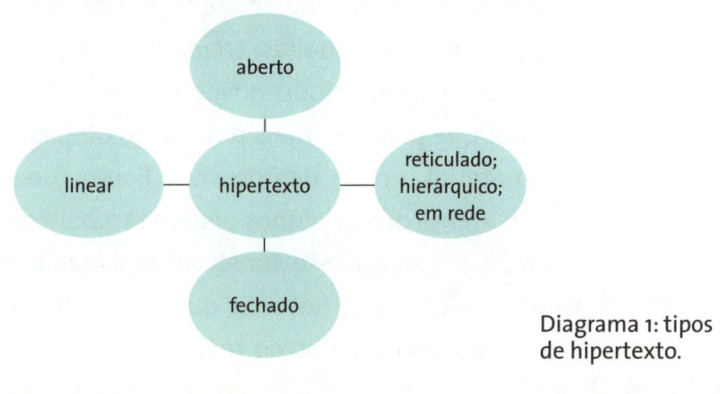

Diagrama 1: tipos de hipertexto.

Observando o Diagrama 1, vamos nos lembrar, então, que o hipertexto pode ser de quatro tipos combinantes: aberto, como um site ou portal; fechado como num CD-ROM, por exemplo; linear, quando o acesso a outros documentos só pode ser feito numa determinada sequência preestabelecida por seu autor; ou ainda reticulado, hierárquico e em rede, ou seja, explorando diferentes formas de se organizar, prever ou permitir percursos de leitura através dos cliques nos links.

As escolhas entre as opções acima estarão relacionadas aos propósitos comunicativos do texto e da previsão das intenções do leitor. Hipertextos com muitos links e alternativas podem levar o leitor à dispersão, o que não é um problema em si, pois o leitor pode desejar ler "livremente" como quem folheia revistas em consultórios médicos. Porém, se for um texto com funções didáticas, elaborado pelo professor, para fins delimitados, pode ser melhor limitar alguns trajetos de leitura. Mas essa não é uma regra nem uma sugestão; aliás, um dos ganhos com o uso do hipertexto na escola é justamente a possibilidade que se pode dar ao aluno de explorar conteúdos, desenvolver sua autonomia e fazer as tantas e quais relações de sentido ele puder ou se interessar. Se pensarmos que o mesmo leitor poderá ler o texto de diferentes maneiras, criando novos percursos e, portanto, construindo novos sentidos, podemos concluir que pode ser mais proveitoso oferecer a ele um material o mais rico possível. Porém, devemos ter em mente que os alunos podem também desejar ser mais pragmáticos e satisfazer mais rapidamente seus objetivos de leitura e que, em muitos casos, talvez não leiam o mesmo texto mais que uma vez ou duas. Podemos dizer então que o hipertexto encontra-se situado entre as projeções que fazemos do leitor e as expectativas que o leitor realmente tem do texto, em função de seus objetivos e interesses.

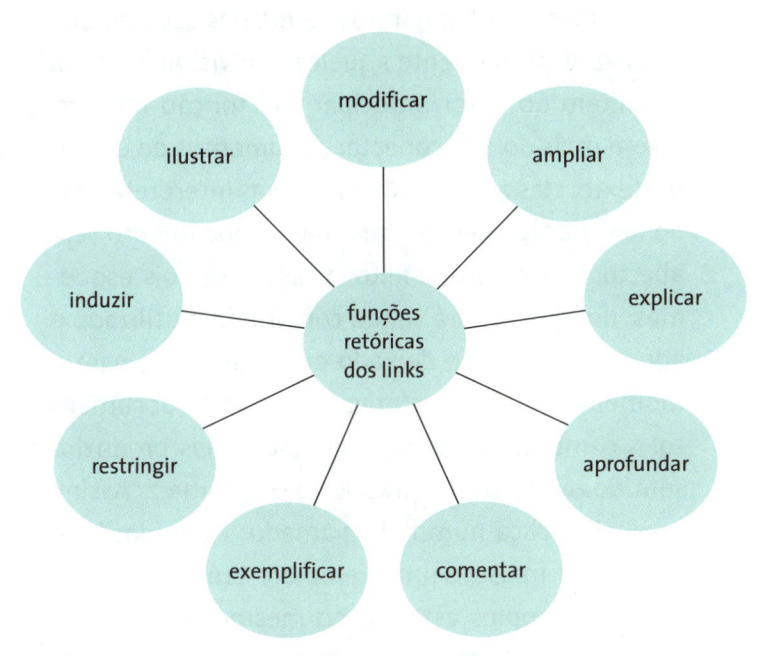

Diagrama 2: funções retóricas dos links.

O texto do hipertexto é aquele que o leitor constrói quando lê; isto é, os links que ele não clicou, os documentos que ele não percorreu não poderiam, obviamente, acionar seus esquemas interpretativos e, portanto, não contribuem para a construção de sentidos. Por outro lado, pode-se sempre argumentar que o fato de o leitor ter visto os links na página e não os ter escolhido, ou a própria existência dos links, já constituem uma forma de leitura, uma forma de produção de sentidos. Em outras palavras, as não escolhas também fazem parte dos sentidos, tanto quanto os subentendidos e os pressupostos, até porque é na liberdade de "navegação" que se justifica a existência das opções representa-das pelos links.

É possível perceber que a simples presença dos links já exerce uma função discursiva bastante forte. O Diagrama 2, na página anterior, nos recorda que os links, especialmente aqueles que visualmente já permitem ao leitor antecipar sua função retórica, fazem mais do que conectar documentos de um hi-pertexto: eles acionam os esquemas interpretativos do leitor antes mesmo que o novo documento seja aberto. Nesse caso, o leitor ficará com dois esque-mas: um que já está sendo construído e utilizado e aquele acionado (e deixado em "stand by") para o momento da leitura efetiva do segundo documen-to. A combinação desses dois esquemas produzirá sentidos como os mostrados no Diagrama 2. Assim, se o leitor clica num link chamado "exemplos", ele espera ver mais de um exemplo e também espera que os exemplos estejam no mesmo contexto do documento inicial e que sejam pertinentes e sufi-cientemente esclarecedores. Se estiver lendo uma notícia sobre o trânsito, por exemplo, e clicar num um link de "comentário", acionará esquemas que lhe permitam lidar com outro tipo de texto, nesse caso, um texto que apresente um ponto de vista diferente e crítico em relação à notícia e que pode, inclusive, requerer o acionamento de certos conhe-cimentos prévios, pois o comentário pode remeter a outros conteúdos passíveis de serem relacionados ao assunto "trânsito", tais como as eleições, a indús-tria automobilística, a construção de ferrovias etc. A leitura da notícia acrescida da leitura dos comen-tários sobre ela gerará sentidos diferentes daqueles construídos sem a leitura dos comentários.

O Diagrama 3, a seguir, retoma a ideia de que os links podem ser divididos em duas grandes categorias: na primeira, eles têm função estrutural, ou seja, auxiliam o leitor a entender como o sistema hipertextual está estruturado.

Observe-se que grande parte dos sites e blogs, por exemplo, têm basicamente a mesma estrutura e os mesmos nomes para suas seções e links, por exemplo: *fale conosco; saiba mais, contato, mapa do site* etc. A outra grande categoria nos lembra que os links podem ligar texto verbal a imagem (estática ou em movimento) e texto verbal a texto verbal. A ligação imagem a imagem também é possível, e está se tornando cada vez mais comum.

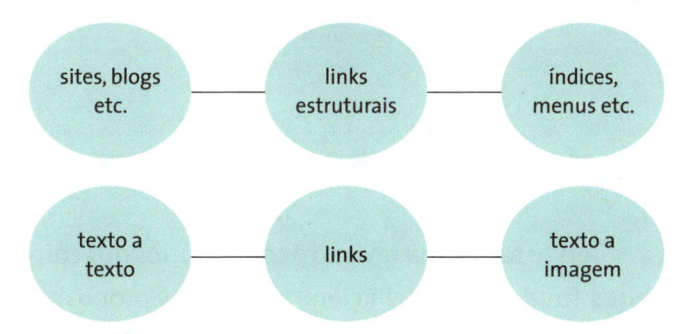

Diagrama 3: tipos de links.

No Diagrama 4, na próxima página, revemos os tipos de links quanto à aparência. As quatro formas apresentadas são as mais comuns, e cada uma delas permite ao leitor fazer predições sobre os conteúdos que abrirão se clicadas. A aparência é, portanto, uma função retórica também. Veja-se, por exemplo, o ícone de uma impressora, a cor roxa indicativa de que o link já foi visitado pelo leitor, os botões que podem tornar os links mais visíveis e, portanto, mais "convidativos", e as palavras que podem ser usadas como nomes de seções ou de comunidades, como o passarinho do Twitter, como os verbos performáticos, como "curtir" ou "compartilhar".

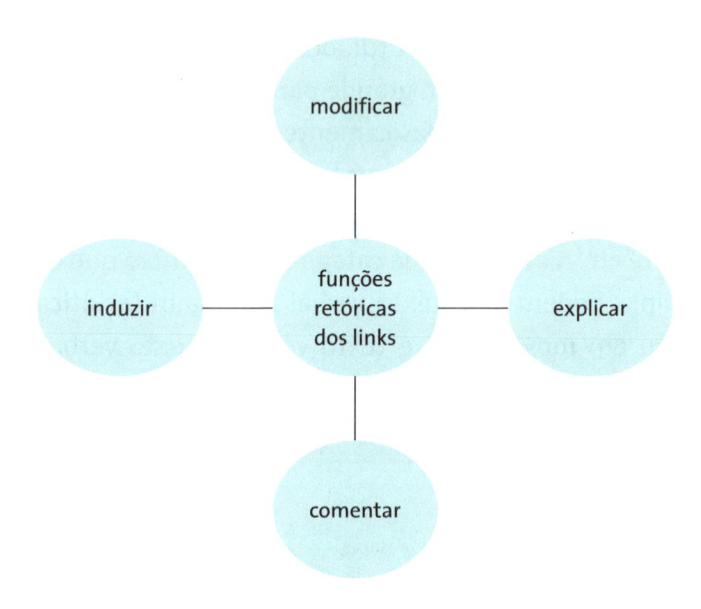

Diagrama 4: principais tipos de links quanto à aparência.

Tendo feito uma revisão e comentários dos conceitos fundamentais, iniciaremos nossas propostas com a produção de hipertextos fechados (off-line) e também abertos (on-line). Para tanto, utilizaremos o Word, o Power Point[5], o Internet Explorer e o Google Docs[6] e visitaremos alguns blogs e sites também. A escolha desses programas se justifica porque os computadores com sistema operacional da Microsoft trazem o pacote chamado "Office", que contém esses aplicativos, e os que rodam com outros sistemas, geralmente utilizam o Open Office, uma suíte

5 Marcas Registradas da Microsoft Co.
6 Marca Registrada da Google.

de aplicativos, com código aberto, gratuita, muito utilizada como alternativa ao pacote da Microsoft. O Google Docs é um aplicativo on-line, gratuito, que opera sem problemas com os programas Office que utilizaremos.

As atividades sugeridas não precisam ser seguidas sequencialmente; de acordo com a percepção do professor sobre as habilidades dos alunos, pode-se escolher a sequência que julgar melhor.

2. INSERINDO O HIPERTEXTO NO COTIDIANO ESCOLAR: ALGUMAS PROPOSTAS DE PRODUÇÃO DE HIPERTEXTOS

Professor!

Caso já seja do seu conhecimento o trabalho com hiperlinks e pastas no Word 7, queira passar para as sugestões de atividades[7]; caso contrário, fique atento aos passos necessários para a condução das propostas.

Observe que para as atividades realizadas off-line, todos os arquivos de sua aula devem estar numa mesma pasta, em Meus Documentos, em seu computador e no computador de cada aluno. Essa pasta será uma espécie de banco de dados. Assim, cuide para que, ao iniciar sua aula, todos os alunos tenham o(s) arquivo(s) básico(s) para as aulas em seus computadores, que você disponibilizará para eles por meio de pen drive ou de e-mail, por exem-

7 Nas "Propostas Complementares" há uma explicação passo a passo sobre como trabalhar com pastas e links no editor de textos da Microsoft.

plo. Todas as propostas envolvendo o Word preveem a abertura prévia de pastas e de hiperlinks. Para tanto, basta realizar os procedimentos que antecedem cada proposta.

A **Proposta 1** vai tomar como exemplo uma música, o "Samba do Approach", do Zeca Baleiro, que, com uma boa dose de humor, mescla palavras do português, do inglês e do francês, fazendo referência a personalidades estrangeiras e também a alguns produtos comerciais.

Um texto como este é propício para a utilização dos recursos hipertextuais: pode-se criar links para definições (em português ou em inglês) dos vocábulos estrangeiros, inserindo, inclusive, links para imagens que ilustrem os termos selecionados. Nesse caso, os links exerceriam as funções retóricas do tipo definição, exemplo, explicação e comentários.

O professor parte de um texto selecionado e o transforma em hipertexto visando aos objetivos pedagógicos que tem em mente. Podem ser desenvolvidas, nesse caso, tanto a habilidade de leitura quanto a de produção hipertextual.

Importante acrescentar também que, num segundo momento, o professor poderá pedir aos alunos que acrescentem links ao mesmo texto, conforme suas necessidades, ou mesmo que tragam outros textos e, a partir deles, criem seus próprios hipertextos. Por se tratar de uma atividade que não requer, necessariamente, conexão com a internet (pois pode-se utilizar links internos apenas), é de fácil realização e também é bastante produtiva em função das inúmeras variações que permite. Para exemplos de atividade off-line, consulte o item "Propostas Complementares" no final deste livro.

Proposta 1. Referenciais teóricos

Tipo de hipertexto	Aberto; reticulado.	
Tipo de links	Interno; externo; palavras; texto a texto; texto a imagem; textuais; gráficos.	• Ligando termos do texto base com termos em outros textos. • Ligando termos do texto a endereços da internet.
Função retórica	Definições; ilustrações e exemplos.	

Proposta 1. Atividades

Proposta 1	Estudo de palavras estrangeiras em texto em língua materna.
Objetivo	Elucidar sentidos de palavras estrangeiras em textos em língua portuguesa, com ênfase nas palavras estrangeiras que normalmente não encontram equivalentes no português.
Metodologia	Professor traz texto com palavras estrangeiras e pede ao aluno que consulte os links já preparados por ele, ou que crie links que apresentem sentidos possíveis (dentro do contexto em que aparecem).

Nível de dificuldade	Fácil	x	Médio		Difícil	

Para exemplificar essa proposta, foram selecionadas apenas três palavras do texto, mas observe-se que a riqueza da letra sugere muitas outras palavras. Na verdade, o que se pretende aqui é que o professor perceba modos de utilizar o **hipertexto como ferramenta pedagógica**, construindo hipertextos a partir de um texto já existente. Mais ideias para a utilização dos recursos hipertextuais surgirão com a prática, em função de seu plano e objetivos de ensino e, por que não, com seu diálogo com os alunos.

Samba do Approach
(Zeca Baleiro)

Venha provar meu <u>brunch</u>
Saiba que eu tenho approach
Na hora do lunch
Eu ando de ferry-boat

Eu tenho savoir-faire
Meu temperamento é light
Minha casa é hi-tech
Toda hora rola um insight
Já fui fã do <u>Jethro Tull</u>
Hoje me amarro no Slash
Minha vida agora é cool
Meu passado é que foi <u>trash</u>

Fica ligada no link
Que eu vou confessar, my love
Depois do décimo drink
Só um bom e velho Engov
Eu tirei o meu Green Card
E fui pra Miami Beach
Posso não ser <u>pop</u> star
Mas já sou um noveau riche

Eu tenho sex-appeal
Saca só meu background
Veloz como Damon Hill
Tenaz como Fittipaldi
Não dispenso um happy end
Quero jogar no dream team
De dia um macho man
E de noite drag queen

Procedimentos Iniciais

a) Inicialmente, selecione as palavras que irá abordar na aula.

b) Procure no Google (tradutor), ou outro dicionário on-line, o primeiro termo. Em nosso caso, é a palavra "brunch".

c) Após obter a tradução da palavra, copie o endereço da página, conforme ilustrado abaixo:

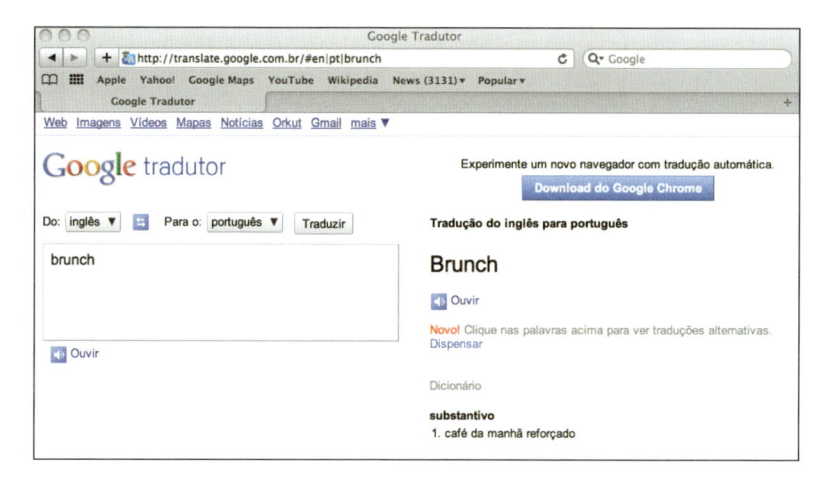

d) Em seguida, volte à música, selecione a palavra com o mouse e, na aba Inserir, clique em Links, depois Hiperlink, conforme mostrado abaixo:

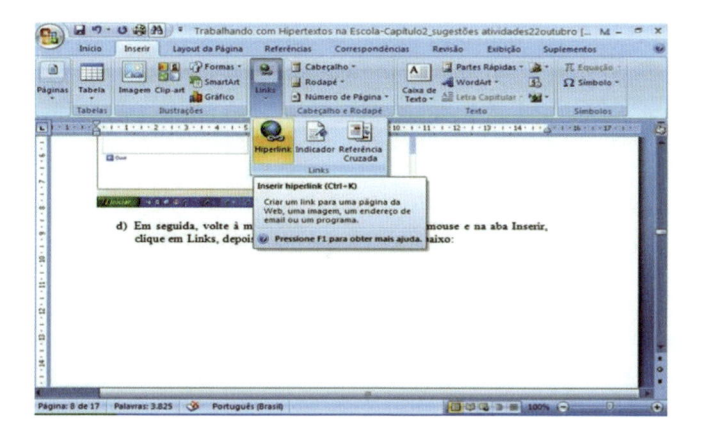

e) Ao clicar no "Hiperlink", abrirá uma janela. Selecione "Endereço" e cole nele o endereço copiado do site do Google. Veja abaixo como ficou:

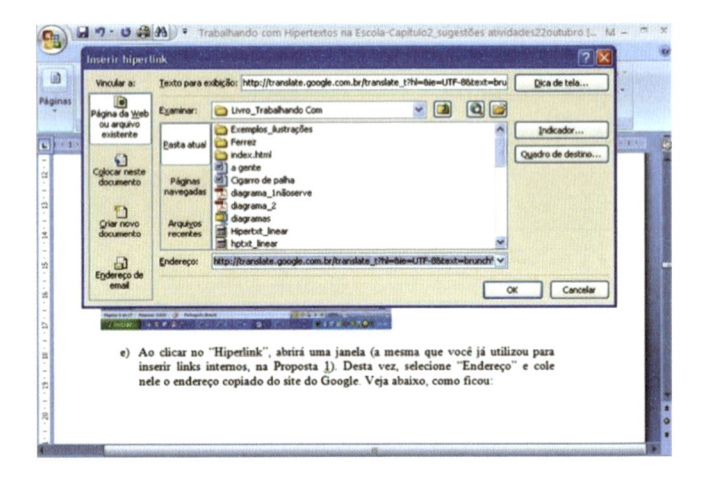

f) Repita a mesmas operações para as demais palavras selecionadas. A diferença é que você poderá escolher outros tradutores, outras explicações (etimológicas, de uso, de campo semântico, gramaticais etc.) ou ainda clicando no Google Imagens, linkar a palavra selecionada a uma imagem, que, em muitos casos, pode ser mais esclarecedora. Veja, abaixo, o exemplo dessa ideia no nome Jethro Tull.

Outras possibilidades	1. Criar links para dicionários instalados no computador.
	2. Criar links para um glossário preparado pelos alunos, em grupos.
	3. Solicitar ao aluno que procure a etimologia das palavras, outros contextos de uso, a pronúncia (o Google Tradutor oferece essa possibilidade).
	4. Solicitar a criação de um dicionário virtual de imagens (*pictionary*) com links em suas categorias.
	5. Criar um "jogo da memória": imagens que clicadas revelam a ortografia, ou ao contrário.
	6. Criar questões sobre os sentidos das palavras de acordo com o contexto em que aparecem. (ex. a palavra *background*)

Obs.: essas mesmas propostas podem ser exploradas no ensino de língua portuguesa ou mesmo de literatura (ou ainda, de outros componentes, de forma transdisciplinar), pois a expansão do hipertexto por meio de links para definições, explicações, exemplificações, comentários etc. é, talvez, um dos usos escolares mais proveitosos que se pode fazer do hipertexto.

Vamos comentar um pouco os termos escolhidos em função do uso retórico dos links para fins didáticos.

A palavra "brunch" funciona como um link de definição ao conduzir o leitor ao Google Translator que, além de mostrar não haver equivalente em português para essa palavra, define o termo como um "café da manhã reforçado". O link poderia, por exemplo, ser explorado para a obtenção de uma **explicação** do termo e de sua origem. Neste caso, bastaria ao professor (ou aos alunos) procurar uma explicação etimológica para "brunch".

> BRUNCH 1896, British student slang merger of *breakfast* and *lunch*. To be fashionable nowadays we must 'brunch'. Truly an excellent portmanteau word, introduced, by the way, last year, by Mr. Guy Beringer, in the now defunct *Hunter's Weekly*, and indicating a combined breakfast and lunch. ["Punch", Aug. 1, 1896][8]

Já o nome "Jethro Tull" tem um link para uma foto da banda de rock; nesse caso, exerce a função retórica de ilustrar o termo. A imagem oferece algumas pistas para sua compreensão, mas não traz detalhes sobre a banda, a discografia etc.

Figura 42. Apresentação do grupo Jethro Tull, com Ian Anderson à frente.

Nesse caso, a ideia foi ampliar o conhecimento enciclopédico dos alunos, colaborando, dessa forma, para melhor entendimento da música estudada.

O termo seguinte escolhido, "trash", exerce a função retórica de **oferecer exemplos**, pois conduz o leitor a um site de várias bandas do estilo "trash".

Isto pode causar uma certa polêmica e pode instigar os alunos à pesquisa, já que o termo "trash"

8 BRUNCH 1896, Gíria estudantil inglesa que significa a fusão entre café da manhã e almoço. Para estar na moda hoje em dia, deve-se fazer o "brunch". Realmente, uma ótima composição de palavras criada em 1895 por Guy Beringer no extinto semanário *Hunter's Weekly*, indicando a combinação entre café da manhã e almoço.

em inglês significa lixo, mas também significa pancada, batida, e é nessa segunda acepção que ele nomeia o estilo musical marcado por batidas fortes.

Nas seis "Outras possibilidades" (quadro da página anterior) são oferecidas mais algumas ideias que envolvem a pronúncia das palavras, a criação de dicionários de imagens, de jogos e a exploração dos sentidos das palavras de acordo com o contexto.

Para finalizar: nesta primeira proposta lidamos com a elaboração conjunta de um hipertexto a partir de um texto já existente. Este procedimento pode ser utilizado em sala de aula como ferramenta pedagógica, servindo de apoio para a apresentação de conteúdos da área de linguagem. Vamos, na **Proposta 2**, trabalhar com a produção de um hipertexto do tipo reportagem, porém, agora, escrito pelos alunos, a partir das indicações do professor.

Proposta 2. Referenciais teóricos

Tipo de hipertexto	Hierárquico.	
Tipo de links	Externo; não linear; linear; texto a texto; texto a imagem/áudio/vídeo; textuais; gráficos	• Ligando termos do texto a arquivos dentro de pasta específica em "Meus Documentos". • Ligando termos do texto a sites da web, com áudio e vídeo. • Interconectando hipertextos produzidos pelos alunos.
Função retórica dos links	Ilustrar; explicar.	

Observação: Como já foi dito acima, escrever um hipertexto é mais que escrever um texto; é uma tarefa que envolve algo de design, pois, além das definições sobre tema, conteúdo, estilo etc., o aluno precisará, ainda, definir quais serão as palavras que se tornarão links, suas funções retóricas e quais textos serão linkados. Enfim, embora o hipertexto pressuponha maior liberdade ao leitor e menor linearidade no desenvolvimento da leitura, isso depende do *design*, do tipo de texto e das intenções do autor (explicitas ou não no *design*).

Proposta 2. Atividades

Proposta 2	Elaboração de hipertexto do tipo reportagem.
Objetivo	Criar hipertexto a partir de temas sugeridos pelo professor.
Metodologia	O aluno deve elaborar um hipertexto, no Word, a partir de propostas temáticas feitas pelo professor. O professor deve sugerir ao aluno a criação de hipertexto do tipo reticulado ou hierárquico, com links conectando textos e imagens exercendo as funções retóricas de ilustrar e explicar. Os alunos podem trocar seus hipertextos e ainda incorporá-los uns aos outros, por meio de links, criando hipertextos reticulados mais complexos.

Procedimentos Iniciais

Professor, aproveite que hoje em dia muitas revistas apresentam visual semelhante a páginas da internet com links, e peça aos alunos que folheiem ou visitem sites de revistas, tais como: *Superinteressante*, *Época*, *Veja*, *Isto é* etc.

A título de exercício de pesquisa, peça que os alunos façam um esquema ou diagrama que revele a estrutura básica do design de alguns hipertextos. Por exemplo, no texto da revista *Superinteressante* intitulado "Por que algumas músicas grudam na cabeça?", se analisarmos apenas o primeiro parágrafo, que tem 10 linhas, veremos que há 5 palavras que atuam como links que abrem para listas de matérias publicadas pela revista e que podem ser acessadas no site, conforme se pode ver a seguir.

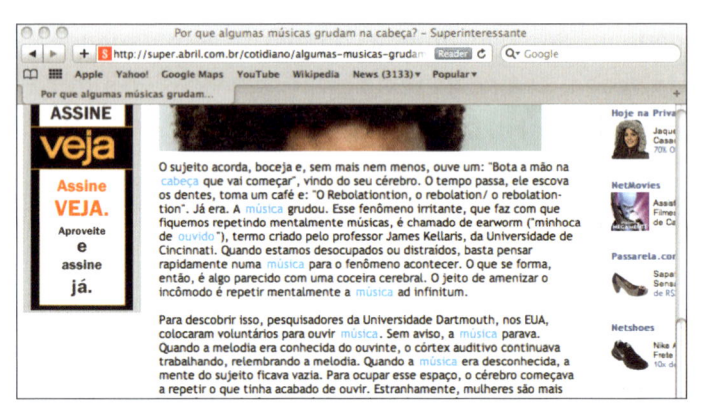

Figura 43. Página "Por que algumas músicas grudam na cabeça?".

Observe o primeiro parágrafo e as 5 palavras grifadas (links textuais):

"*O sujeito acorda, boceja e, sem mais nem menos, ouve um: "Bota a mão na* cabeç*a que vai começar", vindo do seu cérebro. O tempo passa, ele escova os dentes, toma um café e: 'O Rebolationtion, o rebolation/ o rebolation-tion'. Já era. A* música *grudou. Esse fenômeno irritante, que faz com que fiquemos repetindo mentalmente músicas, é chamado de earworm ('minhoca de* ouvido*'), termo criado pelo professor James Kellaris, da Universidade de Cincinnati. Quando estamos desocupados ou distraídos, basta pensar rapidamente numa* música *para o fenômeno acontecer. O que se forma, então, é algo parecido com uma coceira cerebral. O jeito de amenizar o incômodo é repetir mentalmente a* música *ad infinitum.*"

Clicando em cada um dos links, os alunos obteriam: 12.191 resultados para o link "cabeça" (veja imagem a seguir), 39.165 resultados para "música" (que aparece 3 vezes no parágrafo) e 2.430 resultados para "ouvido".

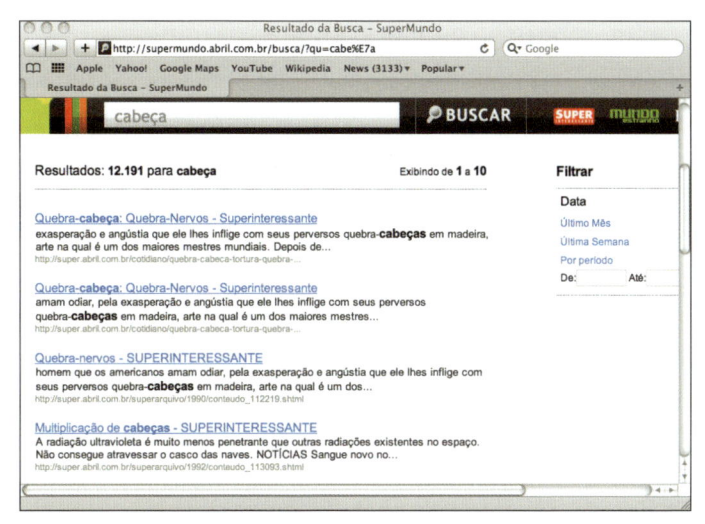

Figura 44. Números de links para a palavra "cabeça".

Considerando que nenhum dos 12.191 documentos ligados ao termo "cabeça" oferece links que liguem os documentos entre si, ou mesmo para retorno à página de origem e que o mesmo se repete com as outras três palavras, concluímos que o hipertexto formado no site da revista *Superinteressante*, a partir do texto: "Por que algumas músicas grudam na cabeça?" é do tipo **hierárquico**.

O diagrama a ser elaborado pelos alunos deverá corresponder à seguinte estrutura:

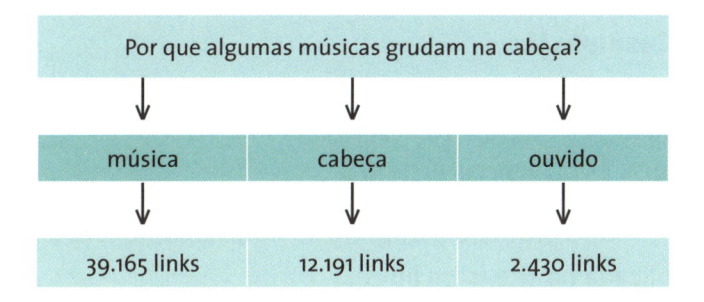

Temos, portanto, um texto inicial (acessado por meio de um link), "Por que algumas músicas grudam na cabeça?" e, abaixo dele, no diagrama, os 5 links, sendo que o link textual "música" se repete 3 vezes e os links "cabeça" e "ouvido", cada um deles ligando a outros documentos, conforme os números mencionados acima.

O professor pode solicitar a realização de mais atividades como esta a fim de exercitar a compreensão e análise dos tipos de hipertextos.

1. A partir desse exemplo, os alunos devem construir seus próprios hipertextos. Para isso sugerimos duas propostas, as quais exemplificamos abaixo:

a) Transformar (ressignificar) num hipertexto uma notícia escolhida, com links que proporcionem informações de acordo com as palavras selecionadas. Os textos dos links deverão explorar seu potencial retórico, oferecendo os vieses de interpretação que se pretende.

b) Escrever um texto inédito em forma de hipertexto, concebendo-o como um texto com links, praticamente inviabilizando sua "transcrição" para o formato textual impresso.

Obs.: Essa atividade provavelmente despertará o interesse do aluno em linkar imagens, áudio e vídeo também!

Exemplo Um

ÁFRICA DO SUL AMEAÇA PROIBIR VUVUZELAS NOS ESTÁDIOS DE FUTEBOL

a) O primeiro parágrafo da notícia, como foi publicada no site (sem links).

"As vuvuzelas podem ser proibidas nos estádios de futebol sul-africanos se os torcedores do clube mais popular do país, o Kaizer Chiefs, não melhorarem seu comportamento, disseram as autoridades."

b) O hipertexto, com 3 links selecionados, misturando links internos, externos e links de imagens.

Figura 45. Vuvuzela: link leva para arquivo no próprio computador.

"As <u>vuvuzelas</u> podem ser proibidas nos estádios de futebol sul-africanos se os torcedores do clube mais popular do país, o <u>Kaizer Chiefs</u>, não melhorarem seu <u>comportamento</u>, disseram as autoridades."

Comentando o **Exemplo Um**, observem que o link vuvuzelas é interno, pois o arquivo que explica o termo, sua origem e ainda traz uma imagem do objeto está armazenado no computador. Essa opção demonstra a possibilidade de criar hipertextos que funcionem off-line.

Figura 46. Time Kaiser Chiefs em notícia da BBC on-line.

Já o link "Kaizer Chiefs" é externo, pois leva ao site da BBC on-line. A foto mostra o time ao qual se refere a notícia.

Por outro lado, para a palavra "comportamento", escolhemos dois links: um que sugere torcedores bem-comportados e outro que sugere torcedores malcomportados, a fim de ilustrar o poder retórico dos links, que podem direcionar as interpretações do leitor!

Figura 47. Modelo do que seria bom comportamento.

Para terminar: se a imagem linkada no termo "comportamento" fosse a de cima, poderia estar sugerindo que o comportamento esperado é o mostrado na imagem da esquerda. Se, por outro lado, a imagem linkada fosse a de baixo, ela poderia estar mostrando o tipo de comportamento que não se deseja!

Figura 48. Exemplo do que seria mau comportamento.

Exemplo Dois

Vejamos mais um exemplo de construção de hipertexto, neste caso, hierárquico também, com links externos apenas, mas com a inclusão de links gráficos: um gramofone e a logomarca do Youtube acompanhada de uma legenda que antecipa ao leitor o tipo de vídeo que assistirá. Dessa forma, esse hipertexto perderia muito de seu conteúdo e poder comunicacional advindo pelo uso de várias linguagens, caso fosse "transcrito" para o modo de texto tradicional.

Observe-se que é possível trabalhar com hipertextos bastante enxutos, o que possibilita incluí-los mesmo com as classes iniciais do ensino básico. Por outro lado, as atividades costumam tomar um tempo relativamente grande, pois demandarão pesquisa, leitura e seleção de imagens e textos, além do próprio desenho da estrutura do hipertexto. Não restam dúvidas, porém, do caráter motivacional das atividades e do trabalho enriquecedor que é lidar com múltiplas linguagens.

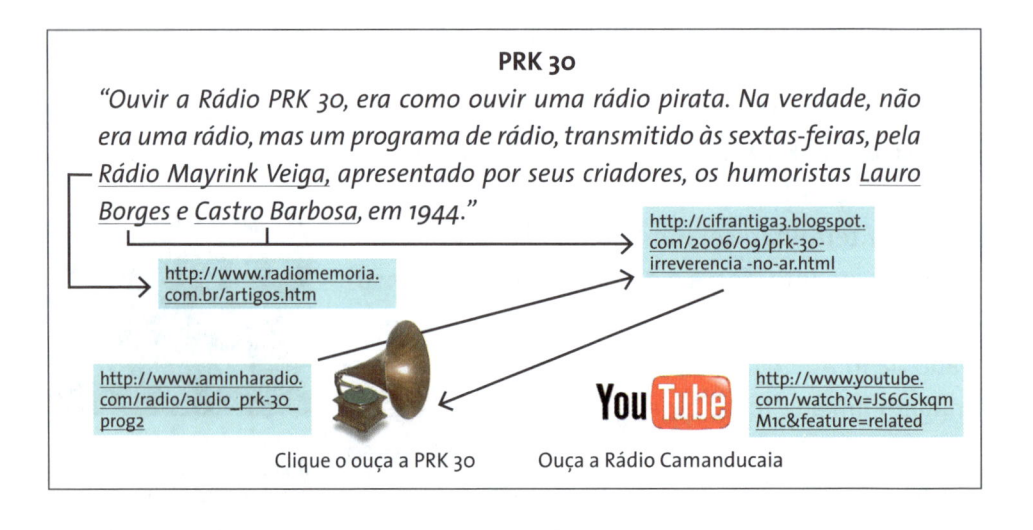

PRK 30

"Ouvir a Rádio PRK 30, era como ouvir uma rádio pirata. Na verdade, não era uma rádio, mas um programa de rádio, transmitido às sextas-feiras, pela Rádio Mayrink Veiga, apresentado por seus criadores, os humoristas Lauro Borges e Castro Barbosa, em 1944."

http://cifrantiga3.blogspot.com/2006/09/prk-30-irreverencia-no-ar.html

http://www.radiomemoria.com.br/artigos.htm

http://www.aminharadio.com/radio/audio_prk-30_prog2

http://www.youtube.com/watch?v=JS6GSkqmM1c&feature=related

Clique o ouça a PRK 30   Ouça a Rádio Camanducaia

No exemplo da página anterior, as caixas com os links para o site Radiomemória e para o blog Cifra Antiga permitem a você, professor, acessá-los de seu computador. Da mesma forma, os links de áudio e audiovisual para ouvir uma gravação da famosa Rádio PRK 30 e assistir a um audiovisual no Youtube sobre a Rádio Camanducaia lhe permitirão verificar a riqueza de informações que um hipertexto de poucas linhas e quatro links pode trazer e, ao mesmo tempo, perceber as mudanças introduzidas nos modos de ler e nos processos cognitivos que envolvem a atribuição dos sentidos por parte do internauta.

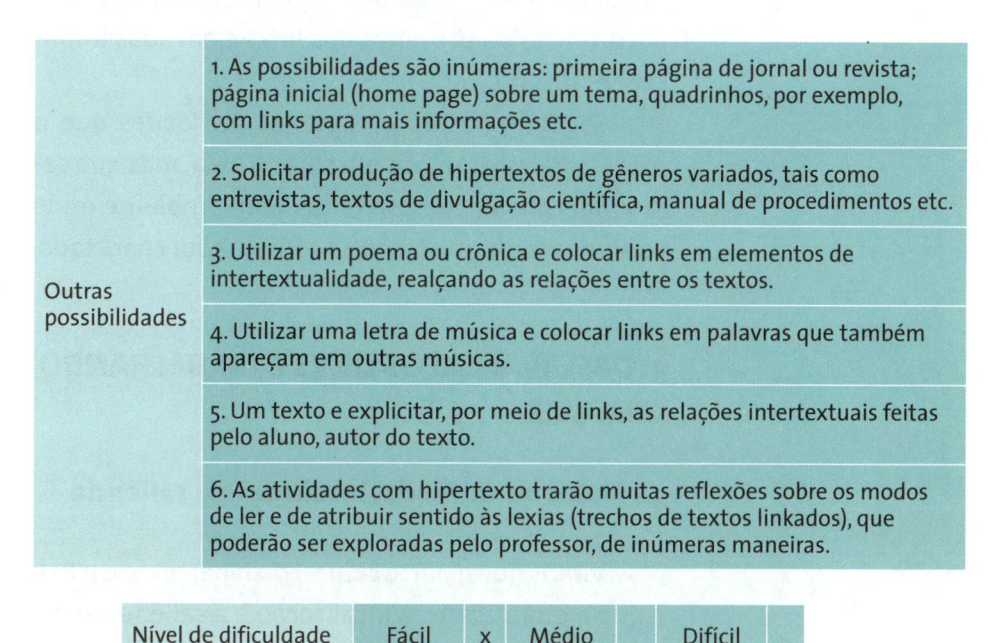

Outras possibilidades	1. As possibilidades são inúmeras: primeira página de jornal ou revista; página inicial (home page) sobre um tema, quadrinhos, por exemplo, com links para mais informações etc.
	2. Solicitar produção de hipertextos de gêneros variados, tais como entrevistas, textos de divulgação científica, manual de procedimentos etc.
	3. Utilizar um poema ou crônica e colocar links em elementos de intertextualidade, realçando as relações entre os textos.
	4. Utilizar uma letra de música e colocar links em palavras que também apareçam em outras músicas.
	5. Um texto e explicitar, por meio de links, as relações intertextuais feitas pelo aluno, autor do texto.
	6. As atividades com hipertexto trarão muitas reflexões sobre os modos de ler e de atribuir sentido às lexias (trechos de textos linkados), que poderão ser exploradas pelo professor, de inúmeras maneiras.

Nível de dificuldade	Fácil	x	Médio		Difícil	

Retomando: até aqui, praticamos o uso do hipertexto como um recurso do professor para trabalhar com seus conteúdos na área de linguagens e suas tecnologias. A sugestão dada foi a leitura de uma letra de música e a exploração do vocabulário, das imagens e dos efeitos retóricos dos links. Essa atividade poderia ser feita, opcionalmente, off-line. O hipertexto foi utilizado, então, como ferramenta pedagógica para o ensino da leitura.

Depois, vimos que, a partir de uma proposta de produção textual onde sugerimos explorar a produção hipertextual com uso de várias linguagens. Para a realização dessa tarefa, os alunos realizariam um exercício de análise e identificação de modelos de hipertexto.

Iremos, agora, trabalhar com a leitura de hipertextos focalizando nossas atividades na exploração mais detalhada das questões retóricas decorrentes da presença dos links e em suas implicações discursivas.

Seguem, portanto, algumas atividades que o professor pode realizar em sala de aula, mas que serão mais proveitosas, se feitas num ambiente onde os alunos tenham acesso ao computador conectado.

3. OBSERVANDO OS LINKS E TRABALHANDO COM ELES

3.1 Links: quantidade, localização e saliência

Vimos que a parte central do hipertexto é o link e que a quantidade, a localização e a saliência (destaque) dos links são, antes de mais nada, elementos que contribuem ou afetam a construção de sentidos.

Observe a figura 49, a seguir, ou acesse o site. Todos os elementos do site são links; existem mais de 30 links nessa página.

Professor, converse com seus alunos sobre qual link eles consideram mais **saliente**. É bem possível que não haja unanimidade, pois tanto os links textuais como os gráficos disputam, democratica-mente, espaços quase iguais. Seria porque o site pretende adotar uma postura de igualdade entre as comunidades e temas?

Figura 49. Site da Central Única das Favelas.

Observe, agora, na imagem abaixo o mosaico de fotos dos seguidores. Você diria que o mosaico segue o mesmo princípio da equidade, isto é, todos os seguidores têm, a princípio, a mesma importân-cia? Que comparações você faria entre os dois casos?

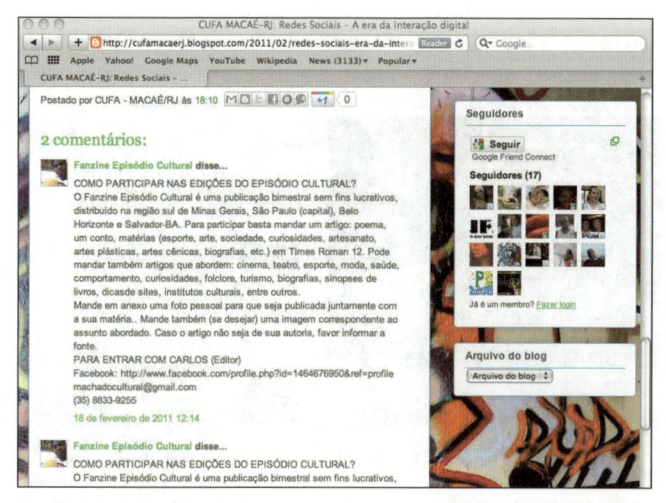

Figura 50. Blog da Cufa de Macaé, RJ.

Veja a home page do Portal Terra. Você diria que em portais de notícia é interessante manter a distribuição equânime dos espaços e dos links? Por quê?

Com relação à localização dos links, como você compararia os 3 exemplos?

Figura 51. Portal Terra.

Para terminar, compare e analise a quantidade de links nos exemplos anteriores e no a seguir. Que implicações a quantidade de links traz, nesses casos, para a leitura, a navegação e a construção de sentidos?

Figura 52. Site Cultura Hip Hop.

É possível que você já tenha notado que os exemplos são de home pages (páginas principais) de sites, ou seja, de sistemas hipertextuais e não de hipertextos propriamente ditos. Na verdade, cada vez mais textos com muitos links estão sendo abolidos. Os links têm sido amplamente utilizados como organizadores de conteúdo de sites e portais e como "índices" para páginas internas e notícias. No mais das vezes, os desenvolvedores de sistemas hipertextuais procuram fazer com que os leitores, uma vez dentro de seus portais, não encontrem links que os remetam para fora, pois a manutenção do leitor em suas páginas garante, entre outras coisas, o contato com os anúncios comerciais.

Por outro lado, outros tipos e usos de links são utilizados em sites como a Wikipédia, como já vimos, e em sites voltados à exploração do hipertexto na produção de textos artísticos. Nesse caso, a linguagem literária explora os links como recursos expressivos.

Veja o exemplo abaixo de poesia hipertextual. Nele, o leitor pode "ler o corpo" da jovem, pela parte que mais lhe interessar. Os links são textuais e grá-

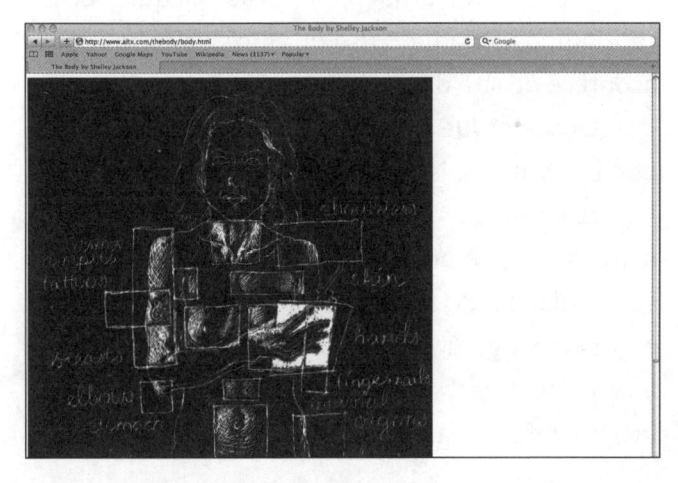

Figura 53. ALT-X Digital Arts Foundation: site americano voltado para a exploração dos recursos hipertextuais e das linguagens nas artes.

ficos ao mesmo tempo e o modelo de hipertexto é o hierárquico.

Professor, seria interessante empreender com os alunos uma busca de sites de literatura e analisar os usos retóricos e expressivos dos links.

Sobre a quantidade de links numa página, professor, comente e compare o site abaixo com seus alunos. Só há um link a clicar, para que a narrativa se desenrole.

Figura 54. Site da Faculdade de Comunicação da UFBA.

Finalizando: uma provocação. O que você e seus alunos diriam do uso dos links da forma como acontece no site da página a seguir?

Observe que o texto tem apenas dois links, o que os torna mais "sedutores", porém, ao passar o mouse sobre eles, antes mesmo de clicar, veja que o que aparece é uma propaganda! Essa prática está se popularizando e ela frustra o leitor, pois ao clicar em "personagem" nesse site, espera-se informações a respeito da personagem da novela a que o texto insinua referenciar.

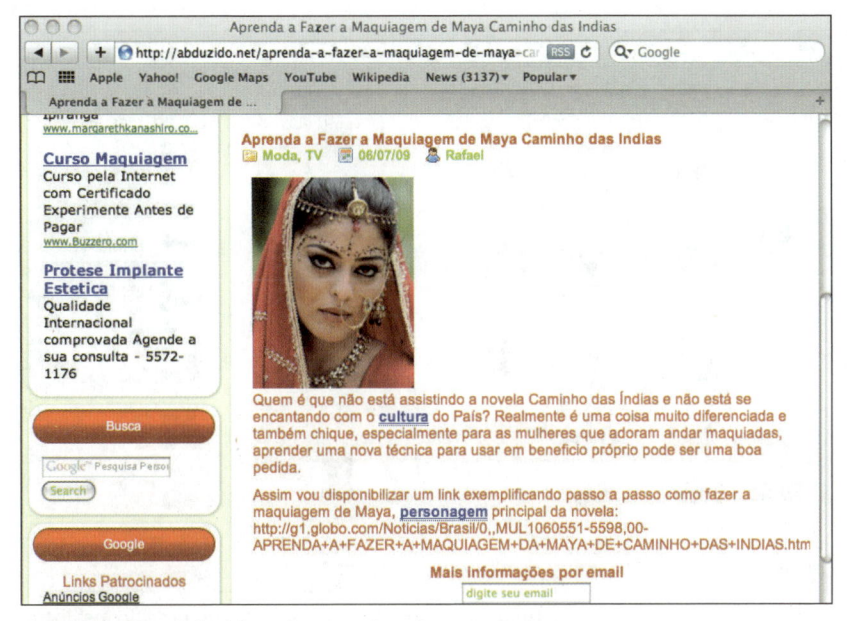

Figura 55. Site abduzido.net: aprenda a fazer maquiagem.

3.2 Aspecto gráfico dos links e a construção de sentidos

Como vimos, o aspecto gráfico dos links colabora para a construção de sentidos. Por exemplo, setas indicam claramente a direção da ação, os ícones das redes sociais (Facebook, Twitter etc.) também, mas existem alguns links que não são tão claros, ou que podem alterar drasticamente o sentido das mensagens.

Observe a coletânea de "emoticons" que são oferecidos gratuitamente e peça aos alunos para construir e enviar mensagens de e-mail nas quais os textos ganhem sentido dúbio devido à presença "equivocada" de "emoticons", isto é, quando as palavras dizem uma coisa, mas os "emoticons" dizem outra.

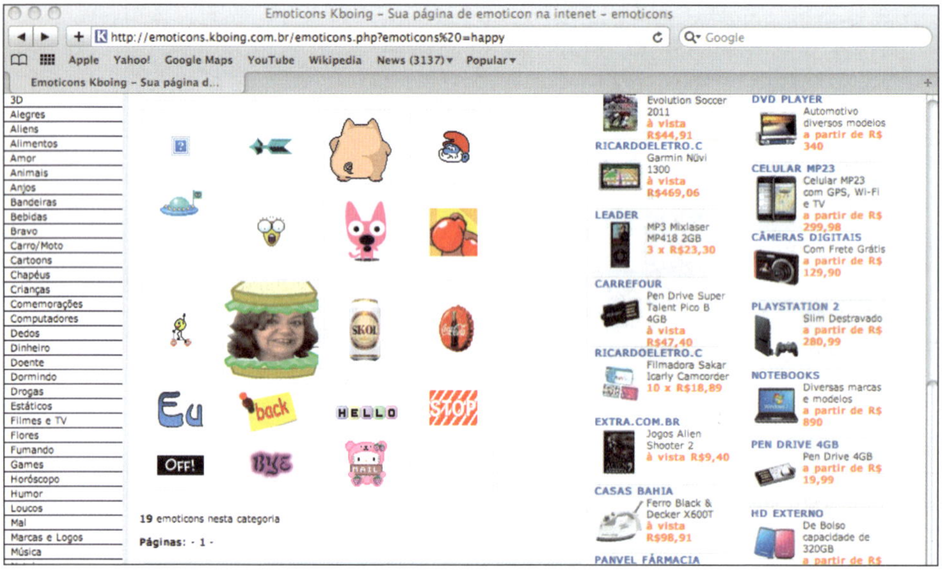

Figura 56. Um dos muitos sites que oferecem "emoticons" de todos os tipos.

Experimente, agora, pedir aos alunos que tentem identificar o sentido ou sentidos dos "emoticons". Depois, peça a eles que troquem mensagens de e-mail com os colegas da classe, nas quais as mensagens se tornam mais claras, pela presença dos gráficos, e dúbias na sua ausência. Ou seja, vamos explorar o poder de significação das imagens quando bem orquestradas com os textos. Veja que esse exercício é praticamente o oposto do exercício anterior.

Embora, nesses exercícios, os "emoticons" não estejam funcionando como verdadeiros links, as atividades ajudam a alertar os alunos para as implicações na construção de sentidos quando aproximamos ou conectamos, de alguma forma, linguagens diferentes, ou seja, imagens (algumas aqui são animadas) e textos verbais.

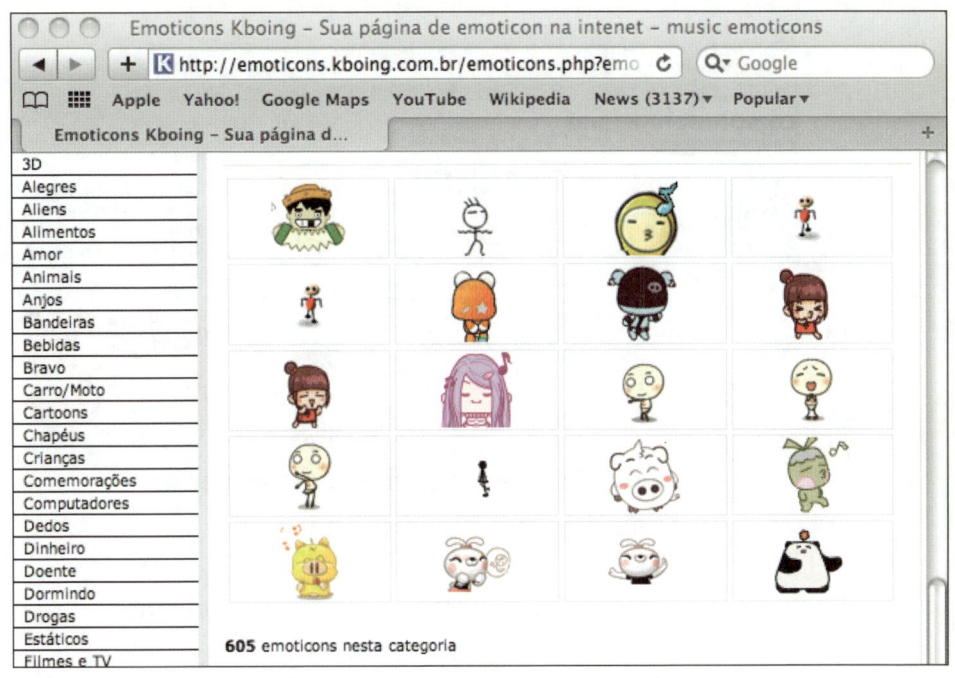

Figura 57. Site Kboing: grande acervo de "emoticons".

3.3 Alguns efeitos semânticos dos links

Nos hipertextos, os links são usados para introduzir conceitos, definir termos, expandir sentidos etc.

Professor, peça a seus alunos que avaliem o modo como o site "Como tudo funciona" resolveu a inserção de links para permitir a busca de imagens que esclareçam o termo pesquisado e a as funções retóricas dos termos sublinhados, na Figura 58, na próxima página. Na verdade, o acesso a esse site, se possível, permitiria uma boa revisão dos tipos de links e suas funções semânticas, já que o site explora-as muito bem, na construção de textos com características científicas, em que a ambiguidade e a falta de clareza não são bem-vindas.

Figura 58. Site Como tudo funciona.

3.4 Links estruturais e a organização de sistemas hipertextuais

Os links, além das funções semânticas, têm também funções estruturais.

Peça a seus alunos que observem o "mapa do site" abaixo e conversem sobre como os links auxiliaram na forma de organizar as diversas seções do site. Se possível, peça que procurem outros sites e analisem seus mapas, a fim de comparar as diferentes soluções e usos dos links estruturais.

Figura 59. Mapa do site de uma universidade.

4. PROPOSTAS COMPLEMENTARES

As propostas a seguir oferecem oportunidades para aprofundamento em alguns dos temas que foram discutidos e praticados no livro.

Sugerimos ao professor que as realize com seus alunos, ou mesmo que crie outras formas de estudar e praticar o uso do hipertexto com seus alunos e entre em contato com o autor, para comentários e troca de experiências. (luiz.gomes@prof.uniso.br)

Proposta 1. Referenciais teóricos

Tipo de hipertexto	Fechado; reticulado.	
Tipo de links	Interno; externo, textual, icônico, texto a texto, texto a imagem.	• Ligando termos do texto entre si. • Ligando termos do texto a arquivos dentro de pasta específica em "Meus Documentos". • Ligando termos do texto a dicas e informações em sites da web.
Função retórica dos links	Definições; exemplos; comentários.	

Proposta 1. Atividades

Proposta 3	Elaboração colaborativa de mapas conceituais hipertextuais.
Objetivo	Criar mapas conceituais com links que permitam mostrar os sentidos construídos pelo aluno, a partir dos conceitos/palavras-chaves linkados a arquivos que explicitem relações de sentido e/ou ampliem os dados fornecidos pelo texto.
Metodologia	Após leitura do texto, o aluno cria mapa conceitual utilizando as formas gráficas possibilitadas pelo Google Docs e inserindo links.

Procedimentos Iniciais

Após explicar aos alunos os princípios do mapa conceitual, o professor apresenta um *exemplo de mapa*.

O aluno deverá fazer a leitura do texto e representar graficamente as ideias do texto, relacionando-as através de elementos gráficos e de links.

Será necessário, para esta atividade, que os alunos já estejam familiarizados com a inserção de links internos e externos e com o trabalho com pastas, pois, como foi visto, para que os links internos funcionem, todos os documentos precisam estar numa mesma pasta, no computador.

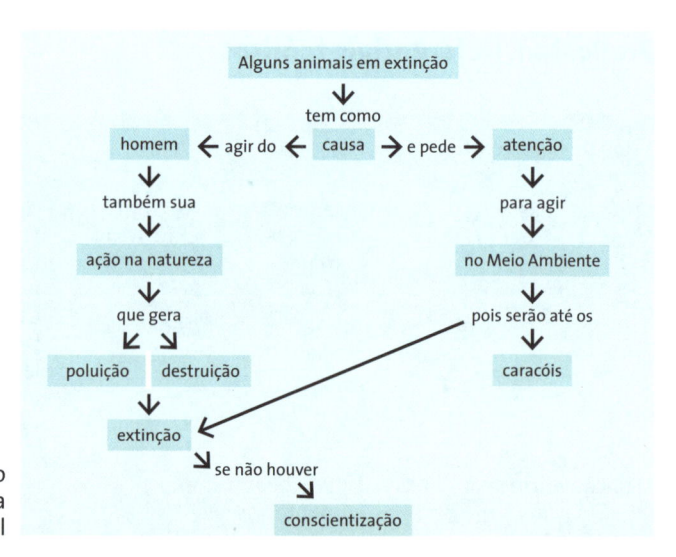

Figura 60. Exemplo de Mapa Conceitual

Exemplo

BUMBA MEU MORRO

Cícero Franco

O Bumba Meu Morro é um folguedo popular, claro que de origem portuguesa, que se faz presente no litoral brasileiro. Os personagens são o Povo Antigo, o Povo da Comunidade, os Reizinhos, o Diabo e S. Pedro. Sendo de origem lusitana, tanto a realeza como a influência cristã estão presentes.

O folguedo é de grande monta, demandando toda uma estrutura grandiosa e burlesca. Podemos até convidar o Zé Celso para a direção cênica, o Hélio Oiticica para o figurino e o Tom Zé para a trilha sonora. A ideia é transformar o Bumba Meu Morro num evento cultural inesquecível.

Num pequeno resumo, o Povo Antigo, que vestirá parangolés representando a moda de 35 anos atrás, será composto por 350 mil pessoas. Elas, em fila indiana, depositarão saquinhos de supermercado com um conteúdo de meio quilo cada, 365 vezes, simbolizando um saquinho por dia. O que se repetirá 16 vezes, alegoricamente indicando os anos do período antigo.

Não será posto qualquer tipo de restrição quanto ao conteúdo dos saquinhos, podendo ser restos de comida, latas de cerveja, embalagens plásticas, papel higiênico, modess, preservativos, papelão, metais etc. Esta parte do espetáculo deixará mais de 1 bilhão de quilos numa pequena e fofa montanha que vai sendo erguida no centro do evento, simbolizando o substrato mesmo do Bumba Meu Morro.

Inicialmente, é necessário abrir o Google Docs. Para tanto, basta digitar no navegador:

http://www.google.com.br.

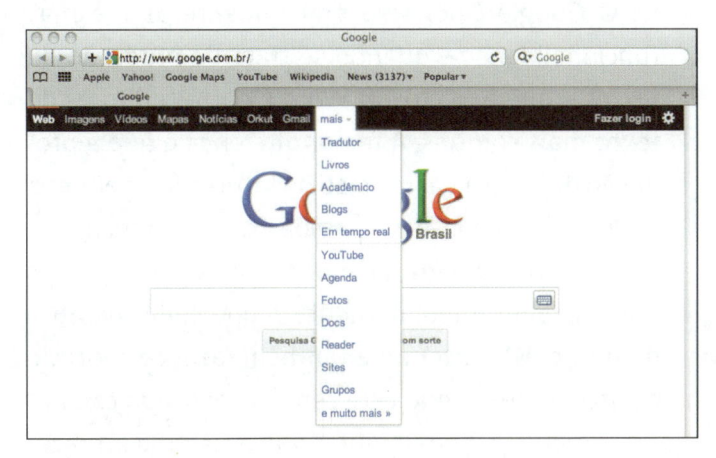

Figura 61.
Página inicial
do Google.

Clicando-se em "Docs", abrirá uma página com três exemplos que demonstram como trabalhar colaborativamente com textos, desenho e planilha. Escolhemos o exemplo que ensina a produzir textos. O exemplo permite que os aprendizes enviem convites para outros colegas aprenderem junto. Vejam a página:

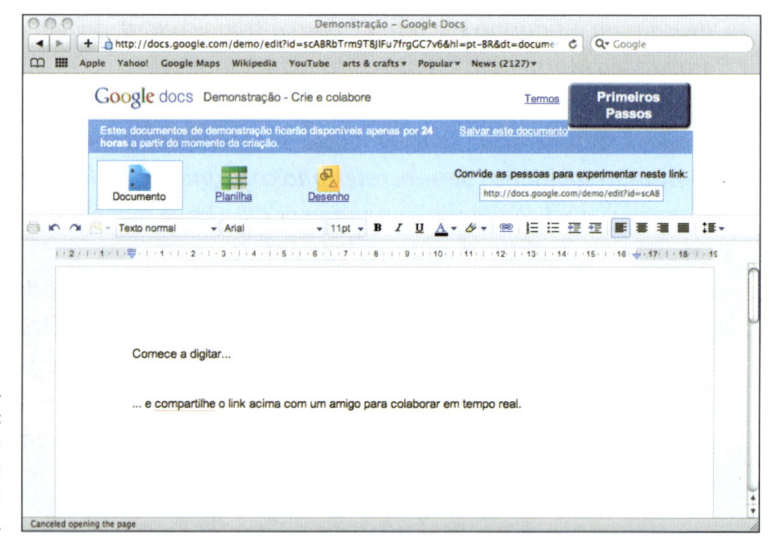

Figura 62. Google Docs: demonstração de como produzir textos colaborativos.

Vamos comentar um pouco sobre essa tarefa. O Google Docs tem praticamente as mesmas funcionalidades – quando se trata da produção de textos – que o Microsoft Word e outros editores de texto mais comuns. A maior diferença é que a produção dos textos, a inserção de formas, imagens etc. pode ser feita por várias pessoas, de forma colaborativa e compartilhada, de modo que os participantes podem saber imediatamente o que cada membro do grupo está fazendo e também fazer correções e ajustes no texto que está sendo construído colaborativamente. É bom lembrar que o sistema armazena todas as etapas da produção textual, sendo possível resgatar qualquer uma delas facilmente.

A produção de mapas conceituais colaborativamente é uma atividade um pouco mais complexa do que as sugeridas na Parte 2 deste livro, mas é bastante proveitosa e desafiadora.

O mapa apresentado abaixo como exemplo é bem simples e não está completo, mas ele pretende servir de ideia de como o mapa conceitual, com links de texto e imagem, poderia representar uma possível leitura da crônica Bumba meu Morro.

Mapa Conceitual (incompleto) da crônica:
Bumba meu Morro

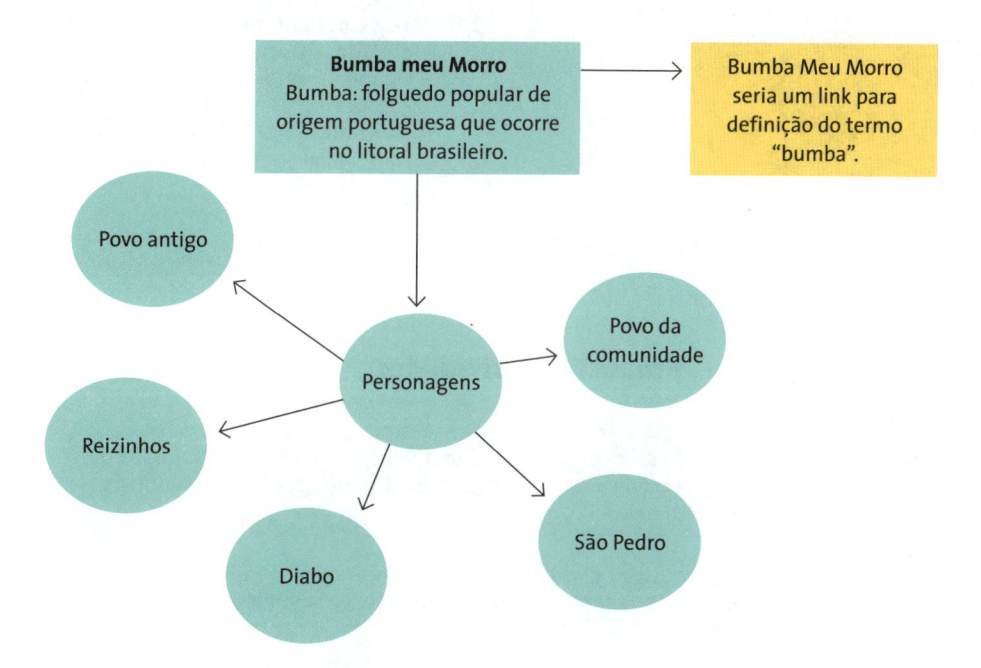

Outras possibilidades	Realizar pesquisas e acrescentar esclarecimentos sobre as palavras/conceitos.
	Pesquisar e acrescentar imagens que possam ilustrar/exemplificar o tema.
	Linkar os mapas conceituais dos alunos uns com os outros.

| Nível de dificuldade | Fácil | x | Médio | | Difícil | |

Proposta 2. Referenciais teóricos

Tipo de hipertexto	Fechado; linear.	
Tipo de links	interno; textual; texto a texto.	• Ligando termos do texto entre si. • Ligando termos do texto a arquivos dentro de pasta específica em "Meus Documentos". • Ligando termos do texto a dicas e informações em links que se realizam com o passar do mouse sobre palavras selecionadas.
Função retórica dos links	Definições; exemplos; comentários.	

Proposta 2. Atividades

Proposta 4	Criação, pelo aluno, de um glossário de campos semânticos sobre termos de um texto: crônica/conto/romance/editorial/propaganda ou outros gêneros discursivos.
Objetivo	Desenvolver estratégias de estudo e aprendizagem de vocabulário e das relações de sentido das palavras no texto (sinonímia, oposição ou antonímia e superordenados).
Metodologia	Durante leitura do hipertexto elaborado pelo professor, o aluno clica nos links e observa como as palavras se relacionam e organizam os significados do texto. A partir daí, o aluno decide quais outras palavras fazem parte daquele mesmo campo semântico e as inserem no hipertexto inicial do professor.

Procedimentos Iniciais

O professor precisa, inicialmente, abrir "Meus Documentos" e criar uma pasta com o tema da aula, no caso do nosso exemplo, ela poderia chamar-se "Ferréz".

Nessa pasta, o professor coloca o texto a ser trabalhado. No exemplo é: "Rio de Sangue".

Em seguida, cria uma página com o nome "Glossário.doc." Ela servirá de exemplo de campo semântico a ser consultado (e depois complementado) pelos alunos.

Para criar o glossário, o professor deve abrir um novo documento na pasta "Ferréz". Depois, clicar em "Inserir", na aba superior do Word, a seguir, em "SmartArt" e escolher o modelo que preferir, a partir do item "Tudo", na coluna de opções.

Basta, agora, escolher a célula em que deseja inserir a palavra, conforme mostra a Figura 63, abaixo:

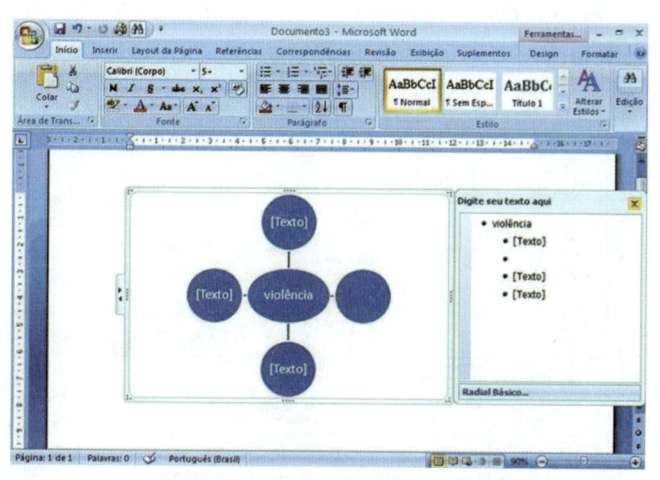

Figura 63. Tela mostra a situação depois de abrir documento em branco, clicar em "Inserir" e escolher modelo do gráfico do SmartArt.

a) Após completar os termos no arquivo "Glossário.doc.", é necessário inserir os links do texto para a página Glossário.

b) Para inserir links em palavras do texto do Ferréz, clique na aba Inserir e, nela, em Links, conforme a tela abaixo:

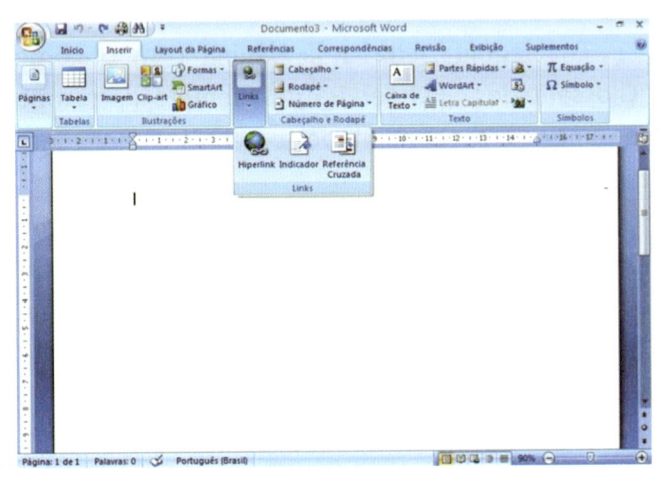

Figura 64. Tela inicial para inserção de links.

c) Ao clicar em "Hiperlink", aparecerá a seguinte tela:

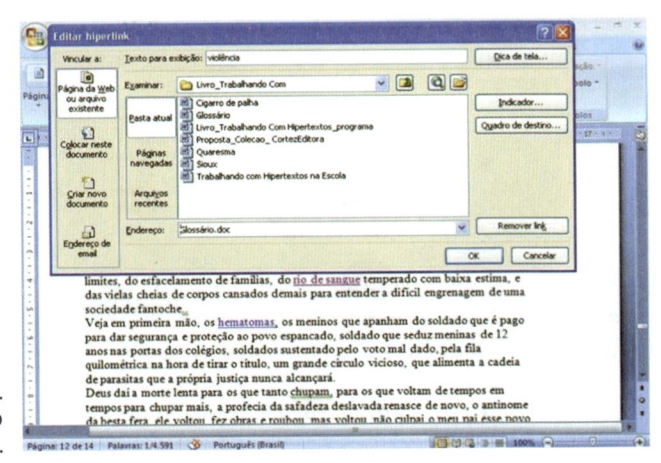

Figura 65. Selecionando o endereço do link.

d) Observe que, no exemplo, foi selecionada a palavra "violência" no texto e ela está sendo linkada ao arquivo "Glossário.doc". Note que é possível linkar tantas palavras do texto quanto se desejar ao arquivo "Glossário.doc." Sempre que o aluno clicar numa palavra selecionada, ela abrirá este arquivo do Word e poderá ver o glossário e também ampliá--lo ou, até mesmo, criar novos glossários.

Nossa atividade propõe que o aluno complete o campo semântico da palavra "violência"; ele pode fazer isso da seguinte forma:

a) Selecionar a palavra no texto "Rio de Sangue" e repetir os itens acima mencionados. Dessa forma, o aluno inserirá links das palavras do texto no diagrama, em seu computador.

b) No diagrama, o aluno deve clicar na aba "Inserir", depois em "Formas", selecionar a forma que desejar; deve também escolher o tipo de seta que pretende utilizar (igual ou diferente da escolhida pelo professor).

c) O ideal é que ele preencha seus balões com cores diferentes das do professor, para facilitar a identificação de seu trabalho, conforme a imagem:

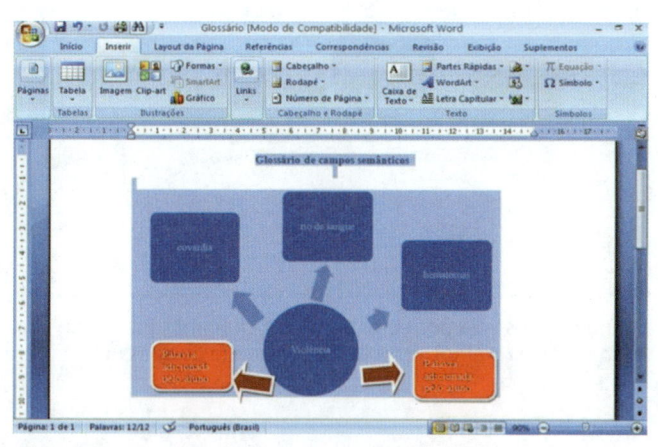

Figura 66. Glossário de campos semânticos, com termos acrescidos pelos alunos (em vermelho).

Também é possível inserir links que levem do glossário para o texto do Ferréz. Para isto, basta clicar na aba "Inserir" (ou com o botão direito do mouse) e clicar "Hiperlink". Ao escrever a palavra do texto do Ferréz a ser linkada (#hip, por exemplo), e clicar no gráfico, abre-se o arquivo Ferréz, com o cursor sobre a palavra escolhida (neste caso, "hip").

Outra possibilidade é que, se os termos dos campos semânticos forem criados pelo aluno, com formas independentes, cada uma delas pode ter um link diferente de volta para cada palavra do texto selecionada (Fig. 66). Neste caso, o aluno poderia criar, opcionalmente, um campo semântico em forma de tabela, em que cada célula torna-se um link para uma palavra no texto.

Pode-se observar essas duas possibilidades na Figura 67, abaixo, em que as formas em vermelho e as células da tabela são links para palavras distintas no texto do Ferréz.

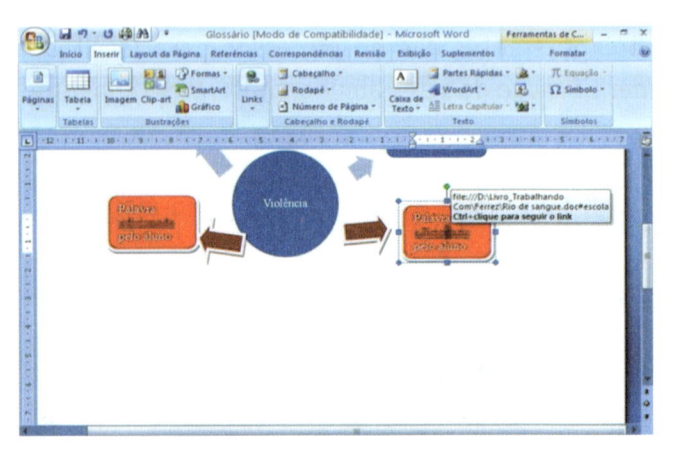

Figura 67. Mostra a possibilidade de se criar links para cada forma (em vermelho), de volta ao texto "Rio de Sangue".

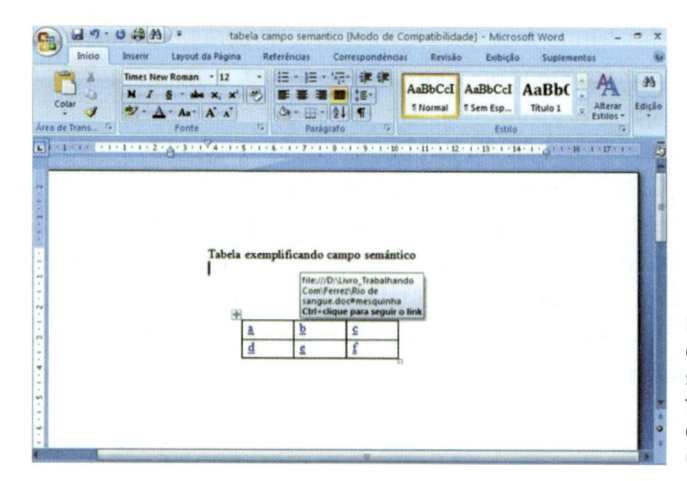

Figura 68. Uma opção de campo semântico em forma de tabela; cada célula é um link.

RIO DE SANGUE (crônica)

10/17/2004

Ferréz

Fique à vontade para entrar no mundo adulto da <u>violência</u> *gratuita, do grande plano de manipulação que joga contra o revoltado e tão cansado povo brasileiro, da* <u>covardia</u> *sem limites, do esfacelamento de famílias, do* <u>rio de sangue</u> *temperado com baixa estima, e das vielas cheias de corpos cansados demais para entender a difícil engrenagem de uma sociedade fantoche.*

Veja, em primeira mão, os <u>hematomas</u>*, os meninos que apanham do solda-do que é pago para dar segurança e proteção ao povo espancado, soldado que seduz meninas de 12 anos nas portas dos colégios, soldados sustentado pelo voto mal dado, pela fila quilométrica na hora de tirar o título, um grande círculo vi-cioso, que alimenta a cadeia de parasitas que a própria justiça nunca alcançará.*

Deus daí a morte lenta para os que tanto chupam, para os que voltam de tempos em tempos para chupar mais, a profecia da safadeza deslavada renasce de novo, o antinome da besta fera, ele voltou, fez obras e roubou, mas voltou, não culpai o meu pai esse povo que não sabe votar, esse povo que elegeu a esposa do incompetente herege.

Eu quero ter o belo prazer subversivo de cantar meu rap, eu quero ter o di-reito arbitrário de escrever minha literatura marginal, eu quero ser preso, mas por porte ilegal de inteligência, antigamente quilombos hoje periferia, o zumbi zumbizando a elite mesquinha, Záfrica Brasil um só por todos nós, somos monjo-los, somos branquindiafros, somos Clãnordestino, a peste negra, somos Racionais, somos Negro Drama, e minha posse é mente zulu e vivemos numa Estação cha-mada hip-hop.

→

→ *Raciocino a luz de velas, leitura feita nas proximidades do córrego, pequena biblioteca cheia de livros cancerígenas no quartinho da escola, o grêmio que é massacrado pela diretora que veio do outro lado da ponte, que não conhece uma viela depois dos muros da escola, o exemplo do estado começa sedo, pois eles não suportam isso, eles só suportam e querem o controle e contenção.*

O mesmo cd que passa sertanejo, axé, pagode, também passa Rap, o mesmo playback, *só que o nosso é mal visto, conscientizar é pecar, esclarecer é errado, temos que valorizar somente o entretenimento, e tudo isso bem controlado, fiscalizado, apropriado se for o caso, o mercado da falsa música, do falso artista, do falso jornalismo é o maior veículo anestesiante que existe.*

(...)

Outras possibilidades	1. Solicitar ao aluno que, a partir de outros termos do texto, crie outros campos semânticos.
	2. Sugerir a troca de arquivos entre os alunos, para comparação e complementação.
	3. Solicitar um diagrama final que elucide as relações de sentido entre as palavras e os campos de significação que formam, de modo a revelar a compreensão do texto pelo aluno.
	4. O aluno pode também ser solicitado a criar diagramas para outras relações de sentido, tais como: sinonímia, oposição, antonímia, superordenados, categorias gramaticais, tempos verbais etc.
	5. Como o arquivo "Glossário.doc" funciona como uma espécie de banco de dados, pode-se criar outros tipos de dados para outras finalidades didáticas, tais como: regras de acentuação, pontuação, tipos de orações etc.

Nível de dificuldade	Fácil	Médio	Difícil	x

PALAVRAS FINAIS

Prezado professor, acredito que chegamos ao final dessa nossa jornada pelos labirintos do hipertexto e de sua utilização na escola. Passamos pela história do hipertexto e pudemos perceber a inventividade de seus criadores e desenvolvedores, e também suas utopias.

De fato, o hipertexto segue um caminho um tanto tortuoso. Idealizado como algo que aumentasse o potencial humano para lidar com dados e projetado para ser inteiramente livre e "selvagem", acabou capturado pelos sistemas hipertextuais e, de certa forma, domesticado. Hoje o hipertexto está mais propenso a enquadrar-se em *templates*, modelos que lhe determinam limites e até tipos de links. Pudemos ver isso nos exemplos de sites, blogs e também ao postar mensagens no Facebook, por exemplo. O texto verbal enriqueceu-se, e muito, com sua proximidade das imagens e dos vídeos e está chegando mesmo a ceder lugar a eles, tornando-se, aos poucos, um elemento periférico das mensagens. Liquefeito, não reconhece fronteiras e espalha-se por blogs, Twitters e uma infinidade de sistemas hipertextuais, chegando aos bancos escolares por diversas vias.

Enquanto a escola e uma parcela dos professores estranham ainda a já envelhecida novidade, outros setores da sociedade a abraçaram com força. A internet, a intranet, a ethernet e outras redes subjazem a quase tudo o que fazemos. Como disse Victor Hugo, "Nada pode parar uma ideia que chegou".

Espero que este livro seja-lhe útil para ajudá-lo a entender e, quem sabe, desmistificar essa tecnologia atual da escrita, e que seus trabalhos com os alunos possam ser proveitosos. Temos que ensinar para o futuro deles e temo pensar que o futuro de nossos alunos já tenha sido ontem!

GLOSSÁRIO

Algoritmo. É uma sequência finita de instruções ou regras passo a passo bem definidas e não ambíguas, para que determinada tarefa seja executada, como, por exemplo, a resolução de um cálculo.

Blog (weblog). É um tipo de site ou serviço de publicação da web no qual o dono escreve, opina, comenta, informa, indica etc. sobre um ou vários assuntos e que pode permitir a postagem de opiniões dos visitantes. O blog, geralmente, inclui postagens de fotos, imagens, audiovisuais, links e uma infinidade de possibilidades comunicativas. Quando o tamanho das postagens é reduzido, temos o **Microblog**: blog no qual as postagens não ultrapassam 200 caracteres que podem ser abertos ou dirigir-se a um público restrito escolhido pelo usuário. Estes textos podem ser enviados por *mensagens instantâneas*, *e-mail*, arquivo de áudio ou pela *web*. O servidor de microblog mais popular é o Twitter, lançado em 2006.

Blog corporativo. É um blog geralmente mantido por uma pessoa jurídica, com finalidade empresarial ou comercial.

Blog falso, **Spam blog**, ou ainda **Splog**. É um blog com o único propósito de promoção comercial.

Célula fotoelétrica ou **fotocélula**. É qualquer tipo de sensor que reage com base na presença de luz ou de energia eletromagnética.

Compartilhamento de dados. É o intercâmbio de dados (arquivos) entre os sistemas de informação. São muito populares as trocas de músicas, fotos, filmes etc. Diz-se normalmente "baixar uma música, um vídeo, um texto etc.".

Deleuze e Guattari. Gilles Deleuze e Pierre-Félix Guattari – filósofos franceses do século XX. Desenvolveram, no livro *Mil Platôs* – Capitalismo e Esquizofrenia (1995), a noção de rizoma, uma metáfora da estrutura do conhecimento, que não estabelece começo nem fim para o saber.

Ethernet. É um padrão de transmissão de dados para rede local (LAN). A ideia é fazer comunicação compartilhada por um único cabo para todos os dispositivos da rede. Uma vez que o dispositivo está conectado a esse cabo, ele pode se comunicar com qualquer outro dispositivo. Dessa forma, a rede pode expandir para acomodar novos dispositivos sem precisar modificar os dispositivos antigos.

Google Docs. Editor de textos, planilhas e apresentações, com compartilhamento de arquivos. Trabalha integrado ao Gmail, armazena documentos e possibilita disponibilizar tudo on-line (com senha) para ser alterado por outras pessoas.

Hipermídia. Documento hipertexto que incorpora textos, gráficos, sons, imagens e animações. O conceito hipermídia, juntamente com hipertexto, foi criado na década de 1960 por Ted Nelson. O termo pode referir-se tanto à tecnologia quanto ao seu produto.

HTTP (Hypertext Transfer Protocol). Protocolo de Transferência de Hipertexto. Na verdade, o protocolo são as normas para indicar que um web site na internet está de fato localizado na WWW (World--Wide Web). Todo endereço de um site na WWW começa com esta sigla.

HTML (HyperText Markup Language). Linguagem de Marcação de Hipertexto. É o código utilizado para transformar qualquer documento comum em documento acessível e navegável a distância por meio das ferramentas de busca de informações na internet (browser).

Internet. É um conglomerado de redes em escala mundial composto por milhões de computadores interligados pelo TCP/IP que permite o acesso a informações e todo tipo de transferência de dados entre usuários particulares, entidades de pesquisa, órgãos culturais, institutos militares, bibliotecas e empresas de toda envergadura. Existem várias aplicações que atuam sobre a internet, tais como o correio eletrônico, o compartilhamento de dados, os serviços de bate-papo e a própria web, dando a impressão de tratar-se de uma única rede. A internet foi criada em meados de 1969 pelo Departamento de Defesa dos Estados Unidos.

Intranet. É uma rede de computadores privada, uma web doméstica, baseada em protocolos da internet, mas projetada para o processamento de informações dentro de uma organização ou residência. Apesar de as páginas da intranet possuírem link com a internet, a intranet não é acessada pelo público geral.

Lurkers. Em inglês quer dizer insensível ou indiferente. Na internet, lurker é alguém que lê as discussões em fóruns, grupos de notícias, chats ou compartilhamento de arquivos, mas que participa apenas como ouvinte, sem contribuir ou trocar informações.

LAN (Local Area Network). Rede de Área Local. Uma rede em que computadores são conectados a uma distância próxima, tal como no mesmo prédio ou escritório.

Microfilme. É uma mídia analógica de armazenamento de documentos, periódicos e desenhos em forma de rolo de filme fotográfico em preto e branco.

Mosaic. Primeiro navegador popular que permitiu a visualização de texto e imagem numa mesma página da web. Distribuído como software livre, foi desenvolvido pelo National Center for Supercomputing Applications (NCSA) em 1993.

Navegação. A experiência de leitura e/ou consulta de material escrito não sequencial, através da utilização dos caminhos propostos. Diz-se que o navegante da rede realiza uma "viagem" virtual explorando o ciberespaço, da mesma forma que o astronauta explora o espaço sideral.

Off-line. Diz-se do periférico que esteja desconectado de um computador ou de um computador em relação à rede.

Post. Ato de publicar uma informação num blog. O post é uma informação em forma de texto, vídeo, imagem ou áudio, de qualquer tamanho. Ele é acompanhado de uma tag e de um link para um endereço URL que permite acesso àquele post a qualquer momento.

Progressão referencial. Diz respeito à introdução, manutenção, identificação, continuidade, retomada etc. dos referentes textuais. Contribui para a coesão e para a coerência do texto e, consequentemente, para a atribuição de sentidos.

Redes de relacionamento. São sites como Orkut, MySpace e Facebook, que permitem criar e manter comunidades. Os sites de redes sociais geralmente funcionam tendo como base os perfis do usuário – uma coleção de fatos sobre o que um usuário gosta, não gosta, seus interesses, hobbies, escolaridade, profissão ou qualquer outra coisa que ele queira compartilhar.

Servidor. É um sistema de computação que fornece serviços a uma rede de computadores, mediante solicitação de seus clientes. Esses serviços podem ser de natureza diversa, por exemplo, arquivos e correio eletrônico. Os computadores que acessam os serviços de um servidor são chamados clientes.

Site. Conjunto de documentos ou páginas web interligados entre si e que são acessíveis geralmente pelo protocolo HTTP na internet. Um site da internet é também um dos nós da web que armazenam páginas HTML pertencentes a um mesmo endereço (URL); **home page** é a página inicial de um site, e não o site todo.

Tag. Uma tag é uma palavra-chave (relevante) ou termo associado com uma informação (ex.: uma imagem, um artigo, um vídeo) que o descreve e permite uma classificação da informação baseada em palavras-chave.

URL (Uniform Resource Locator). Localizador Padrão de Recursos. É o endereço em forma de sequência de caracteres de um recurso (um arquivo, uma impressora etc.), disponível em uma rede, seja a internet ou uma rede corporativa, uma intranet.

WAN (Wide Area Network). Rede de Área Extensa. É um sistema de LANs conectados a distância.

Wiki. Provém do termo "wikiwiki" que, em havaiano, significa "rápido". É um programa que permite aos usuários criar, editar e reeditar conteúdos de páginas na web, favorecendo a produção colaborativa de textos. Ele também possibilita a inserção de links para conexões entre as páginas.

Zippered list. É uma técnica de representação de estruturas de dados para que elas possam ser utilizadas eficientemente.

SUGESTÕES DE LEITURA

É sempre muito complicado indicar leituras. Corre-se o risco de deixar referências importantes para trás. Optei por sugerir alguns dos textos que marcaram minha trajetória nos estudos sobre o hipertexto, e outros por reverência a alguns pesquisadores que têm ampliado os horizontes dos estudos hipertextuais. Sei que deixei alguns clássicos de fora, mas acredito que vocês, professores, saberão fazer os links até outras obras.

MARCUSCHI, Luiz Antônio. O hipertexto como um novo espaço de escrita em sala de aula. In: *Linguagem e Ensino*, v. 4, n. 1, 2001 (79-111).
Embora seja de 2001, esse artigo do Marcuschi é fundamental não apenas pelas questões que levanta sobre a natureza do hipertexto, suas características e sua textualidade, mas principalmente porque é um dos primeiros textos que abordam o hipertexto do ponto de vista da linguística, especificamente da linguística textual. Muito do que se havia escrito, nessa época, em língua portuguesa, era sob o ponto de vista da informática e da filosofia.

MARCUSCHI, L. A.; XAVIER, A. C. (Orgs.). *Hipertexto e gêneros digitais*. 3. ed. São Paulo: Cortez, 2010.

Este livro, organizado por Marcuschi e Xavier, traz importantes temas para os estudos da escrita na era digital, tais como as práticas de escrita nos e-mails e nos blogs e questões sobre a emergência e a transmutação de novos gêneros discursivos no meio digital.

BRAGA, Denise Bértoli. A natureza do hipertexto e suas implicações para a liberdade do leitor e o controle do autor nas interações em ambiente hipermídia. In: *Revista da Anpoll*, n. 15, p. 66-85, São Paulo. Jul/dez. 2003.

Artigo que discute com clareza os conceitos de texto e a questão da autoria do hipertexto, finalizando com importantes considerações sobre a leitura e a construção de sentidos.

ARAÚJO, J. C.; BIASI-RORIGUES, B. (Orgs.). *Interação na internet:* novas formas de usar a linguagem. Rio de Janeiro: Lucerna, 2005.

Livro com artigos de vários dos principais pesquisadores sobre hipertexto. Destacam-se os trabalhos de Júlio Araújo, Ana Elisa Ribeiro, Fabiana Komesu, Carla Viana Coscarelli e Iúta Lerche Vieira. Livro indispensável para quem deseja conhecer as diversas implicações que o hipertexto traz para o ensino da leitura e da escrita.

LEÃO, Lúcia. *O labirinto da hipermídia:* arquitetura e navegação no ciberespaço. São Paulo: Iluminuras, 1999.

Indico este livro pois ele aborda o hipertexto num aspecto que muito me agrada: o artístico. E o faz com maestria. Resgata um pouco da história do hiper-texto, fala sobre hipermídia e sobre a arquitetura da web e a "navegação" no ciberespaço.

HISSA, Débora L. A. *Relações de sentido entre hiperlinks:* um estudo exploratório-descritivo do Centro Virtual Cervantes. Dissertação (Mestrado) – Universidade Estadual do Ceará, 2009.

RODRIGUES, Cláudia. *O uso de blogs como estratégia motivadora para o ensino de escrita na escola.* Dissertação (Mestrado) – Universidade Estadual de Campinas, 2008.

Estudos acadêmicos sobre hipertexto estão aumentando e buscando entender melhor ora questões mais teóricas da escrita no meio digital, ora com estudos sobre suas aplicações no cotidiano escolar. Sugiro a leitura da dissertação de mestrado de Hissa (2009) sobre a tipologia dos links e também de Cláudia Rodrigues.

REFERÊNCIAS

A produção bibliográfica sobre o hipertexto e suas relações com a educação está aumentando consideravelmente, quer em pesquisas acadêmicas para dissertações e teses, quer na publicação de livros. Diversas áreas de estudo, como jornalismo, comunicação, artes, linguística e linguística aplicada, educação e semiótica estão produzindo importantes trabalhos sobre a presença do hipertexto nas mais variadas esferas dos mundos do trabalho e da comunicação.

Ofereço, a seguir, alguns livros – alguns considerados seminais nos estudos sobre hipertexto – como uma referência inicial para aqueles que desejam aprofundar-se no instigante mundo da escrita hipertextual.

ARAÚJO, J. C.; BIASI-RODRIGUES, B. (Orgs.) *Interação na Internet*: novas formas de usar a linguagem. Rio de Janeiro: Lucerna, 2005.

FERRARI, P. (Org.) *Hipertexto, hipermídia*: as novas formas de comunicação digital. São Paulo: Contexto, 2007.

GOMES, L. F. *Hipertextos multimodais:* leitura e escrita na era digital. Jundiaí: Paco Editorial, 2010.

KOCH, I. *O texto e a construção de sentidos.* São Paulo: Contexto, 1997.

_____. *Desvendando os segredos do texto.* São Paulo: Cortez, 2005.

LANDOW, G.; DELANY, P. (Eds.) *Hypertext, hypermedia and literary studies.* Cambridge: The MIT Press, 1995.

LANDOW, G. *Hypertext 2.0. The Convergence of Contemporary Critical Theory and Technology.* Baltimore: John Hopkins University Press, 1997.

MANOVICH, L. *The Language of New Media.* Cambridge: The MIT Press, 2001.

RIBEIRO, A. E. et al. (Orgs.) *Linguagem, tecnologia e educação.* São Paulo: Peirópolis, 2010.

ROUET, J.; LEVONEN, J. J.; SPIRO, R. (Eds.) *Hypertext and Cognition.* Mahwah: Lawrence Earlbaum, 1996.

SNYDER, I. (Ed.) *Page to Screen:* Taking Literacy into Electronic Era. London: Routledge, 1998.

_____. *Hypertext:* The Electronic Labyrinth. New York University Press, 1996.

ÍNDICE DE FONTES DAS FIGURAS

Fig. 1. Exemplo de ícone
http://www.planetnetrc.com/servicos.php

Fig. 2. Vannevar Bush
http://longstreet.typepad.com/thesciencebookstore/2009/10/
the-history-of-the-internet-remembering-vannevar-bush-and-
the-memex-1945.html

Fig. 3. Ted Nelson
http://www.reporternet.jor.br/xanadu-a-web-que-nunca-foi-
ao-ar/

Fig. 4. Web – Representação da rede mundial de computadores
http://1.bp.blogspot.com/- Mai82ntLvJs/TVvs5kvGCYI/
AAAAAAAACo/BxABgikYL7I/s1600/caiu+na+rede.gif

Fig. 5. Exemplo de âncora
http://www.uniso.br/ead/index.asp

Fig. 6. Exemplo de link com palavras
http://sgo.sagepub.com/content/early/recent

Fig. 7. Exemplo de pop-up
http://www.live365.com/index.live

Fig. 8. Exemplo de botão "Enviar"
http://www.seagri.ba.gov.br/enviarPorEmail.
asp?secao=prt&id=7

Fig. 9. Exemplo de palavras que funcionam como link "Fazer
login"
http://www.youtube.com/?gl=BR&hl=pt

Fig. 10. Exemplo de link externo
http://shell.windows.com/fileassoc/0416/xml/redir.
asp?EXT=dtd

Fig. 11. Exemplo de links internos
http://www.w3.org/TR/xhtml11/#toc

Fig. 12. Exemplo de setas que indicam caminhos de leitura
http://www.club33.com.br/fabrica/compactos/1/

Fig. 13. Exemplo de link conotativo
http://noticias.uol.com.br/fotos/olho-magico.jhtm

Fig. 14. Exemplo de link denotativo
http://noticias.uol.com.br/cotidiano/2010/09/24/bombeiros-controlam-incendio-em-favela-na-zona-sul-de-sao-paulo.jhtm

Fig. 15. Exemplo de link semântico
http://pt.wikipedia.org/wiki/Brasil

Fig. 16. Exemplo de link semântico
http://vidaeestilo.terra.com.br

Fig. 17. Exemplo de links estruturais
http://pt.wikipedia.org/wiki/Brasil

Fig. 18. Exemplo de link textual
http://educacao.uol.com.br/enquetes/

Fig. 19. Exemplos de links gráficos
http://educacao.uol.com.br/ensino-medio/

Fig. 20. Exemplos de links gráficos
http://educacao.uol.com.br/ensino-medio/

Fig. 21. Exemplos de links internos
http://www.walmart.com.br/Produto/Informatica/HD-Externo/PQI/119378-HD-EXTERNO-0005183-7#productDetailsTitle

Fig. 22. Exemplos de links internos
http://orfeu.org/weblearning20/1_1_genese_do_conceito

Fig. 23. Exemplo de links estruturais
http://orfeu.org/weblearning20/1_1_genese_do_conceito

Fig. 24. Exemplo de links externos
http://compare.buscape.com.br/a-cabana-william-p-young-8599296361.html?pos=1

Fig. 25. Exemplo de links externos
http://miriamsalles.info/wp/?cat=136

Fig. 26. Exemplos de links lineares e não lineares
http://www.tvcultura.com.br/provocacoes/programas/1551/

Fig. 27. Exemplos de links não lineares
http://www.portaldorock.com.br/estilosprogressivo.htm

Fig. 28. Exemplos de links de expansão
http://www.lsbf.org.uk/programmes/masters/mba/mba-
online/syllabus.html

Fig. 29. Exemplos de links superpostos
http://www.uniso.br

Fig. 30. Exemplos de links implicados
http://www.hipertexto.info/documentos/estructura.htm

Fig. 31. Exemplos de links de substituição
http://pessoas.hsw.uol.com.br/7-desaparecimentos-triangulo-
das-bermudas1.htm

Fig. 32. Exemplos de links de substituição
http://pessoas.hsw.uol.com.br/7-desaparecimentos-triangulo-
das-bermudas2.htm

Fig. 33. Exemplo de superposição de telas
http://sobredesign.wordpress.com/2010/10/24/as-pin-ups-de-
handiedan/

Fig. 34. Exemplo de abertura acumulada de janelas
http://sobredesign.wordpress.com/2010/10/24/as-pin-ups-de-
handiedan/
http://www.misprintedtype.com/v4/ (superposto)
http://www.kkoutlet.com/ (superposto)

Fig. 35. Exemplos de hipertexto aberto e fechado
Fonte: tela de ajuda e suporte do Adobe

Fig. 36. Exemplo de hipertexto que explora a coautoria
leitor-autor
http://www.eca.usp.br/narrativas/intro/intro_por/selma/
selma1/selma1.html

Fig. 37. Exemplo de hipertexto sequencial
http://www.fotocomedia.com/?topic=montagens&page=2

Fig. 38. Exemplo de hipertexto modelo hierárquico
http://www.hsw.uol.com.br/

Fig. 39. Exemplo de hipertexto modelo reticulado
http://www.leituracritica.com.br/rev10/arg/arg00.htm

Fig. 40. Exemplo de hipertexto modelo reticulado
http://www.leituracritica.com.br/rev10/decis/decis00.htm

Fig. 41. Exemplo de hipertexto quase totalmente reticulado
http://pt.wikipedia.org/wiki/Brasil

Fig. 42. Foto do grupo Jethro Tull
http://kara.allthingsd.com/files/2008/05/lp_ger_jethrotull.jpg

Fig. 43. Exemplo da Atividade 2
http://super.abril.com.br/cotidiano/algumas-musicas-grudam
-cabeca-573452.shtml

Fig. 44. Número de links para a palavra "cabeça"
http://supermundo.abril.com.br/busca/?qu=cabe%E7a

Fig. 45. Vuvuzela
http://www.not1.com.br/vuvuzela-nas-torcidas-origem-e-
historia-alegria-das-vuvuzelas/

Fig. 46. Time do Kaiser Chiefs
http://www.soccerwires.com/wp-content/uploads/2009/07/
Kaizer-Cheifs-kit-2009.jpg

Fig. 47. Exemplo de uso bem comportado da vuvuzela
http://www.itubainaradioretro.com.br/index.php/2010/06/18/
o-homem-mais-odiado-da-copa/

Fig. 48. Exemplo de mau comportamento no uso da vuvuzela
http://4.bp.blogspot.com/ZC–TMwuFJo/TBp3RWyWorl/
AAAAAAAAbg/HRuobF-9500/s1600/vuvuzelas.jpg

Fig. 49. Site da Central Única das Favelas
http://www.cufa.org.br/#

Fig. 50. Blog da Cufa de Macaé, RJ
http://cufamacaerj.blogspot.com/2011/02/redes-sociais-era-
da-interacao-digital.html

Fig. 51. Portal Terra
http://www.terra.com.br/portal/

Fig. 52. Site Cultura Hip Hop
http://culturahiphop.uol.com.br/noticia/597/rapper-mv-bill-
propoe-que-obama-caminhe-pela-cidade-de-deus-e-se-
aproxime-da-comunidade

Fig. 53. Site Digital Arts Foundation – ALTX
http://www.altx.com/thebody/body.html

Fig. 54. Site da Faculdade de Comunicação da UFBA – A Dama
de Espada
http://www.facom.ufba.br/dama/intro.htm

Fig. 55. Site abduzido.net
http://abduzido.net/aprenda-a-fazer-a-maquiagem-de-maya-
caminho-das-indias/

Fig. 56. Site de emoticons Kboing
http://emoticons.kboing.com.br/emoticons.php?emoticons
=happy

Fig. 57. Site de emoticons Kboing
http://emoticons.kboing.com.br/emoticons.php?emoticons=
happy

Fig. 58. Site Como tudo funciona
http://viagem.hsw.uol.com.br/bussolas.htm

Fig. 59. Mapa do site de uma universidade
http://www.uniso.br/mapasite.asp

Fig. 60. Exemplo de mapa conceitual
http://sirleimaciel.pbworks.com/w/page/9678451/mc2_grupo1

Texto "Bumba meu Morro"
http://cicerofranco.blogspot.com/2010/04/bumba-meu-
morro.html

Crônica "Rio de Sangue"
http://ferrez.blogspot.com/2004/10/rio-de-sangue-crnica.
html

Etimologia da palavra *brunch*
http://www.etymonline.com/index.php?search=brunch&sear
chmode=none

Vuvuzelas – Texto que foi ressignificado
http://espn.estadao.com.br/africadosul/noticia/155689_AFRIC
A+DO+SUL+AMEACA+PROIBIR+VUVUZELA+NOS+ESTADIOS+D
E+FUTEBOL

COLEÇÃO TRABALHANDO COM ...
NA ESCOLA

A Coleção *Trabalhando com... na escola* tem como principal objetivo fornecer um material diversificado, atualizado e inovador para os professores do ensino fundamental e médio.

Iniciando-se com objetos de ensino de Língua Portuguesa, cada volume da coleção tem o objetivo de trabalhar com **temas, práticas e/ou objetos de ensino**, oferecendo sugestões metodológicas sobre como trabalhar com eles em sala de aula. As sugestões metodológicas devem ser suficientemente exemplificadoras para que o professor tenha acesso a uma proposta de trabalho que não se restrinja a apenas uma série e para que seja possível mostrar a complexidade inerente de cada tema/prática/objeto de ensino selecionado.

As **sugestões metodológicas** produzidas em cada volume constituem o "coração" da coleção, mas seus volumes também apresentam teorias e/ou conceitos de forma econômica e clara, com o objetivo de ilustrar como o trabalho prático na sala de aula não prescinde de conhecimento téorico e como o conhecimento teórico pode (e deve) iluminar e fomentar práticas didáticas concretas e cotidianas relativas às reflexões sobre a linguagem.

Outra característica da coleção é o pressuposto, que deve guiar todos os volumes, de que **o trabalho de construção do conhecimento sobre determinado tema/prática/objeto de ensino não pode prescindir de um trabalho com/sobre a linguagem.** Nesse sentido, um ponto fundamental da coleção é a centralidade do trabalho com/sobre a linguagem no processo de formação de professores de todas as áreas.

O público-alvo dessa coleção são principalmente pedagogos, professores de língua portuguesa e de literatura, mas também todos os educadores e professores de outras áreas que reconhecem a importância de materiais que relacionem teoria e prática de modo significativo e que necessitem desenvolver nos alunos variadas competências e habilidades nos diferentes tempos e espaços de seu percurso de letramento nos diferentes níveis de ensino. Assim, pressupõe-se que os educadores de todas as áreas encontrem nos volumes da coleção:

a) Uma compreensão mais prática dos pressupostos teóricos presentes nos documentos oficiais que resultam das políticas públicas de ensino elaboradas pelo MEC e pelas Secretarias de Educação, nos níveis estadual e municipal.

b) Propostas e sugestões metodológicas elaboradas por especialistas em determinados temas e/ou objetos de estudo.

Acreditamos que a Coleção *Trabalhando com... na escola* está desenhada de forma a contribuir concretamente tanto para a contínua formação dos professores como para o estabelecimento de um diálogo mais próximo entre os saberes dos professores das universidades e os saberes dos professores de ensino fundamental e médio das escolas brasileiras.

Anna Christina Bentes
Coordenadora da Coleção
Trabalhando com ... na escola